경계에 서서

경계에 서서

정태헌 수필집

부나비

自序

　발목이 여물 무렵, 봄은 푸른 목발을 짚고 바람과 함께 다가왔다. 바람은 차츰 눈빛을 세우더니 사방을 들쑤셔 어지럼증을 일으켰다. 옷자락을 헤집고 파고들어 영육을 마구잡이로 뒤흔들었다. 그 증세는 봄만 되면 도져 해마다 속절없이 앓아야 하는 열병이었다. 그러던 바람, 바다 쪽으로 꽁무니를 빼더니 어디론가 사라지고 말았다.

　발목이 시릴 무렵, 그 바람은 다시 눈발을 뒤딸리고 찾아왔다. 가로등 불빛 새로 말없이 내리는 눈발, 불빛은 가락이요 눈발은 율동이었다. 가로등과 눈발, 서로 무슨 말을 하는지 마음 모아 들어보았더니 정겹기도 서럽기도 하고 때론 진저리치게도 했다. 아득한 풍경이지만 귀를 기울이니 의미와 향기, 때론 푸른 적요가 되기도 하였다.

1집《동행》에서 달빛 젖은 장끼의 눈빛으로 사상(事象)을 바라보고, 2집《목마른 계절》에서 넉넉하되 살찌지 않고 간결하되 뼈가 보이지 않는 글을 바랐는데, 흐린 눈빛과 어수선한 뼛조각으로 속뜰의 더께를 깎아내기엔 여전히 요원하기만 했다. 살속과 글속의 경계에서 아직도 바장이는데 3집《경계에 서서》를 다시 조심스럽게 내놓는다.

2013년 바람부는 봄날
정태헌

경계에 서서

정태헌 수필집 | 차례

自序 4

1. 등을 밀고 가는 것은

12 등을 밀고 가는 것은
18 오늘
23 밥 먹었느냐
29 날개와 향기
36 속으로 피는 꽃
41 날파리 한 마리 키우며
45 꽃과 사내 그리고 나무새
50 그 고샅 풍경
55 신(神)의 날개

2. 경계(境界)에 서서

경계(境界)에 서서 62
상쾌한 덫 67
여여(如如)하니 72
유심(幽深) 76
징검다리에 대한 상념 81
내려놓기 86
빗장 풀기 91
이 또한 지나가리라 98
해 뜰 참 102

3. 무늬를 짓는 사람들

무늬를 짓는 사람들 110
마음이란 물건 116
바람 속에서 120
눈물 듣기 127
목선(木船)과 꽃집 남자 132
그 이름 경배하며 137
낯선 땅에서 만난 뼈마디 142
호박잎 148

정태헌 수필집 | 차례

4. 귀를 기울여 보라

158 귀를 기울여 보라
163 안과 밖에 대한 상념
170 그리고 봄의 시작
174 싸리꽃 필 무렵
181 바보 연가
187 닻 또는 덫
194 화해를 위하여
199 누굴 닮았느냐

그 풍경 속으로 5.

그 풍경 속으로 206
유통 기한 212
싸락눈 오던 날 217
그림자 초상(肖像) 222
해거름녘 227
눈썹 고운 달 231
만화(漫畵) 이야기 237
꽃잎과 붕어빵 242
길을 잃고 247

작가노트 6.

갈증의 세월 256
통찰과 사유 264
속은 열하고 겉은 서늘하게 270

삶의 등을 밀고 가는 것은 무엇일까요. 수레를 밀고 가는 이는 노인네지만 그의 등을 밀고 가는 것은 또 무엇일까 생각해 봅니다. 등을 밀며 영혼을 다독이는 것은 안락과 기쁨일까요, 고통과 슬픔일까요.

1.
등을 밀고 가는 것은

등을 밀고 가는 것은
오늘
밥 먹었느냐
날개와 향기
속으로 피는 꽃
날파리 한 마리 키우며
꽃과 사내 그리고 나무새
그 고샅 풍경
신(神)의 날개

등을 밀고 가는 것은

빨간 신호등 앞에서 차를 멈추고 있습니다. 건널목을 건너는 무리 속에 노인네가 섞여 있습니다. 초로의 노인네는 손수레를 힘겹게 밀며 건넙니다. 수레에는 폐휴지가 가득 쌓여 있고요. 노인네의 등은 구부정하지만 다행히도 아직은 견딜만해 보입니다. 그동안 그 등을 달구고 식히며 담금질한 것은 지난한 세월이었을 테지요.

삶의 등을 밀고 가는 것은 무엇일까요. 수레를 밀고 가는 이는 노인네지만 그의 등을 밀고 가는 것은 또 무엇일까 생각해 봅니다. 등을 밀며 영혼을 다독이는 것은 안락과 기쁨일까요, 고통과 슬픔일까요. 노인네의 등을 바라보다가 그 초로의 부부가 떠올랐습니다.

얼마 전, 일이 있어 서울 가는 길이었습니다. 두어 시간 달리다가 고속도로 상행선 휴게소에서 버스는 잠시 멈췄습니다. 배가 허출한 정오 무렵이었지요. 점심 대용으로 빵 한 조각을 사려고 휴게소 안으로 들어갔습니다. 빵을 파는 가게 앞에는 어느 여인이 먼저 서 있었습니다. 키가 작달막하고 머리칼이 성성한 여인이었습니다. 여인의 한 손에는 이미 콜라를 한 병 쥔 채였고요. 여인이 돈을 치르고 건네받은 것은 종이 봉지에 담긴 호밀식빵 한 덩이였습니다. 나도 그 빵을 사고 싶어졌습니다. 맛이 담백할 것 같아서였지요. 여인은 빵과 콜라를 들고 휴게소 밖으로 나갔습니다. 나도 생수를 한 병 더 사 들고 밖으로 나왔습니다.

밖엔 삼월의 다순 햇살이 내리고 있었습니다. 그 여인의 모습이 다시 눈에 들어왔습니다. 여인은 원탁을 앞에 두고 다른 두 사람과 마주 앉아 있었습니다. 발길이 멈춰졌습니다. 무심히 스쳤으련만 여인의 앞에 앉아 있는 스물 두어 살쯤 돼 보이는 청년 때문이었습니다. 청년은 고개를 한쪽으로 쳐들고 입을 벌린 채 헤벌쭉 웃고 있었습니다. 두어 발짝 떨어진 곳에 자리를 잡았습니다. 초로의 두 사람은 부부인 듯하고 청년은 여인의 얼굴을 빼쏜 것으로 봐서 아들인 듯싶었습니다. 부부는 입성이 허름했으며 얼굴은 메말랐지만 평온해 보였습니다.

　찬찬히 바라보니 청년은 한쪽 팔을 떨고 있었으며 고개는 도리질하듯 좌우로 흔들어댔습니다. 정신지체와 행동장애를 겪고 있는 듯했습니다. 부부의 시선은 청년을 바라보고 있었습니다. 여인이 산 호밀식빵이 생각났습니다. 아마 그 빵은 세 가족의 점심일 것만 같았습니다. 과연 그랬습니다. 청년은 탁자 위에 놓인 콜라를 손가락질을 하며 빨리 달라고 의자에서 엉덩방아를 찧으며 졸랐습니다. 콜라를 무척 좋아했던 모양입니다. 청년 혼자서 콜라를 먹을 수가 없을 텐데 하는 생각이 들었습니다. 손과 얼굴을 마구 흔들어댔기 때문입니다.

　아들의 보채는 몸짓을 보고 어머니는 알았다는 손짓을 하며 다순 미소를 짓는 것이었습니다. 어머니는 손가방을 뒤적이더니 손수건을 꺼내 탁자 위에 깔고 사온 식빵을 양손으로 잘게 뜯어 놓기 시작했습니다. 그 사이 아버지는 콜라 뚜껑을 힘겹게 이로 따고 그 속에 빨대를 꽂았습니다. 종이컵보다는 빨대가 더 나았겠지요. 아들은 부모의 그러한 모습을 보고 발을 동동 구르고 팔과 고개를 흔들어대며 즐거워했습니다. 어머니는 흔들어대는 아들의 입에 빵조각을 넣기 위해 덩달아 손이 움직였습니다. 하지만 아들의 입에 빵조각을 넣는 일은 쉽지가 않았습니다. 몸을 일으켜 입에 빵을 넣는 걸 성공한 어머니는 아들이 우물우물 빵을 씹는 모습을 보고 남편을 바라보며 손뼉을 쳤습니다. 아버지도 따라 손뼉을 치다가 아들의 입에 빨대를 물려 콜라를 빨아들이게 했습니다. 그러기를 십여 차례 반복했습니다. 그때마다 손뼉을 치는 부부의 모습을 물끄러미 바라보았습니다. 부부의 낯빛은 맑은 웃음과 안도의 기쁨으로 투명했습니다. 속이 허출할 텐데 그들은 요기할 기미는 보이지 않았습니다. 남은 빵은 손수건 위에 그대로 놓여 있었습니다.

부부는 아들에게서 한시도 눈길을 떼지 않았습니다. 저 역시 그들에게서 눈길을 뗄 수가 없었습니다. 가슴에 더운 기운이 우꾼하게 일고 눈시울이 화끈거려 잠시 눈을 감았습니다. 어디선가 나직이 들려왔습니다. '보기에 참 좋구나……, 고맙다……, 그래, 이제 좋으냐……, 그동안 애썼다……' 그들 곁을 스치는 바람결이 빚은 환청이었을까요, 하늘에서 내려온 말이었을까요. 그 낮은 말은 부부의 가슴 저편으로 조용하고 섬세하게 흘러들었을 것입니다. 적어도 제겐 그렇게 들리고 느껴졌습니다.

승차 시각이 임박해 두어 번 뒤돌아보다가 버스에 올랐습니다. 차창 너머로 그들을 묵연히 바라보았습니다. 버스가 출발하자 그들의 뒷모습이 스치다가 시야에서 가뭇없이 사라졌습니다.

아니 사라진 게 아니라 그들의 모습이 차츰 제 가슴에 뿌리를 내리기 시작했습니다. 그동안 그들 부부가 겪었을 세월의 뿌리 말입니다. 지난했을 세월을 견뎌낸다는 게 어찌 쉬웠을까마는 이젠 기쁨이 되고 웃음도 되는 모양입니다. 얼마만큼 고통의 산을 넘고 슬픔의 바다를 건너야 저처럼 투명한 낯빛과 기꺼운 손뼉으로 바뀔 수 있는 걸까요. 불편하고 힘이 들뿐, 어쩌면 고통 속에 삶의 진실이 더 담겨 있는지도 모른다는 생각이 들었습니다.

부부의 시리고 저렸던 속 그늘이야 어찌 가늠이나 할 수 있겠는지요. 하지만 부부에게 그 아들은 무른쇠를 모루 위에서 망치로 두드려서 단단하게 만든 시우쇠 같은 자식이었을 것입니다. 그 자식이 부부의 등을 밀고 왔는지도 모릅니다. 그때까지 전 빵과 물을 손에 든 채였습니다. 목구멍으로 빵을 넘길 수가 없었습니다.

수레를 밀고 가는 등이 휜 노인네와 온전치 못한 자식을 눈앞에 둔 그 부부의 뒷모습이 자꾸 겹쳐집니다. 경적이 울립니다. 신호가 파란불로 바뀌었는데 빨리 가지 않고 뭐하느냐는 뒤차의 독촉입니다. 그때야 정신을 수습하여 다시 생의 가속기를 밟습니다.

　버스가 출발하자 그들의 뒷모습이 스치다가 시야에서 가뭇없이 사라졌습니다. 아니 사라진 게 아니라 그들의 모습이 차츰 제 가슴에 뿌리를 내리기 시작했습니다. 그동안 그들 부부가 겪었을 세월의 뿌리 말입니다. 지난했을 세월을 견뎌낸다는 게 어찌 쉬웠을까마는 이젠 기쁨이 되고 웃음도 되는 모양입니다. 얼마만큼 고통의 산을 넘고 슬픔의 바다를 건너야 저처럼 투명한 낯빛과 기꺼운 손뼉으로 바뀔 수 있는 걸까요.

오늘

녹음을 타고 골짝의 물소리 흐른다. 지리산 피아골, 산길 오르다 보니 돌계단 위에 문이 우뚝 서 있다. 연곡사(鷰谷寺) 일주문이다. 두 기둥에 걸린 주련(柱聯)이 뜻밖에도 오늘을 깨운다.

歷千劫而不古(역천겁이불고)　천겁을 지나도 옛날이 아니요
亘萬歲而長今(긍만세이장금)　만세를 뻗쳐도 항상 오늘

근래 예상치 못했던 상처와 가까운 이의 급작스런 절명의 늪에서 벗어나고 싶었다. 독선과 아집, 상실과 허무가 의식을 옥죄었기 때문이다. 며칠 전, 또 골목길을 걷다가 물웅덩이에 발을 헛디디고 말았다. 빗물이 고인 웅덩이를 분별하지 못한 탓이다.

정태헌 수필집

공터에 버려진 곰 인형에 눈길이 쏠려 그만 다리가 휘청거리고 만 것이다. 걷는 그 순간을 충실하지 못한 까닭이다.

어찌 물웅덩이뿐이랴. 산지사방이 온통 웅덩이들이 아니던가. 어제도 그랬듯이 오늘도 내일도 곳곳에 웅덩이들이 덫처럼 도사리고 있으리라. 한데 언제부턴가 아름다웠던 순간보다 후회스러운 일들이 자꾸 갈마든다. 차마 되작이기조차 부끄러운 일들, 아직도 가시지 않은 감정의 찌꺼기들, 삶에 충직하게 복무하지 못했던 지난 세월이 무시로 떠오를 때면 마음자리가 헝클어져 어수선하기만 하다. 그날도 그랬다. 비에 젖은 곰 인형이 불러들인 상념에 빠져 걷다가 물웅덩이에 발을 디밀고 만 셈이다. 지난날을 추회하고 집착하며 해찰한 나머지 벌어진 일이다.

삶의 복판에는 세 가지의 '금'이 있다. 부를 상징하는 '황금'과 음식에 간을 맞추는 '소금' 그리고 현재를 뜻하는 '지금'이다. 어떤 금이 가장 소중할까. 황금은 안락과 풍요를 가져다주지만 자칫 영육(靈肉)을 좀먹을 수도 있다. 소금은 귀중한 식료이지만 우리 삶을 보조하는데 그칠 뿐이다. 하나 '지금 오늘'은 어제의 미래이자 미래의 과거로 생의 절대 시간이며 소중한 현재이다.

생의 현주소는 오늘이다. 인생에서 가장 값진 순간은 바로 지금이 아닌가. 오늘을 소홀히 하는 것은 과거와 미래를 망각하는 어리석음이리라. 상처 고난 실패 좌절 고통 눈물 같은 불청객들이 오늘 찾아올지라도 나를 담금질하기 위한 신의 배려라 여기며 담담히 받아들이리라. 초대하지 않은 손님들은 도둑처럼 찾아오게 마련이다. 불청객이 소리 없이 다가와 문고리를 흔들더라도 이젠 투덜대거나 홀대하지 않겠다. 외려 삶의 동반자로 받아들여 디딤돌로 삼고 에너지로 바꾸리라. 차라리 불청객과 함께 오늘 깨어 있고 싶다. 깨어나 오늘을 느끼고 생각하는 자에게는 불청객도 귀한 손님으로 바뀔 수 있기 때문이다.

누군들 생의 웅덩이와 불청객을 피해 갈 수 있으랴. 생의 붉은 속살과 맞닥뜨릴 수 있는 날은 오늘이다. 하루는 새로운 날로 시작이자 마지막이기에 오늘을 소중히 여길 따름이다. 어제도 오늘이고 내일도 오늘이지만 이 순간 오늘은 다시는 오지 않는다. 고난이 올지라도 오늘 하루를 참아보리라. 내일도 찾아오면 또 내일 하루도 꾹 참아보리라. 그리하다 보면 오늘의 고난과 슬픔이 나를 더 견고하게 만들어 주지 않겠는가.

어떤 이의 말처럼 '어제는 역사이고 내일은 미스터리이며 오늘은 선물이기에 현재(present)는 선물(present)'이다. 과거에 매달리거나 미래만 바라보는 태도는 오늘을 소홀히 하거나 놓칠 수도 있으리라. 설령 오늘이 힘겹고 고통스럽더라도, 물웅덩이에 빠지고 걸림돌에 넘어질지라도 불평하거나 슬퍼하지 말 일이다. 슬픔 없는 생이 어디 있으랴. 여덟 스푼의 슬픔과 두 스푼의 기쁨으로 버무려져 있는 게 인생이지 않은가. 하지만 그 슬픔이 가슴을 적시며 흐르다 보면 외려 영육을 맑혀줄 것이다. 그러기 위해서 슬픔을 기쁨 곁에 놓아두리라. 오늘의 상처와 슬픔도 시간과 함께 흘러가게 마련이다. 힘겹더라도 오늘을 선물이라고 여기고 살다 보면 내일의 미스터리는 기쁨과 행복으로 바뀔 수도 있으리라.

삶의 등을 밀고 가는 힘은 기쁨과 안락보다 슬픔과 고난 쪽이다. 힘겨움에 무릎이 꺾일지라도 삶의 수레바퀴를 굴리는 것은 고통과 눈물이다. 여유롭고 넉넉하다고 오늘을 일회용품처럼 소비하는 일은 자신과 삶을 욕되게 하는 일이다. 오늘이 없다면 어찌 과거를 기억하고 내일을 기약할 수 있으랴. 오늘을 산다는 것은 과거와 미래를 아울러 사는 일이지 싶다. 지혜로운 이들의 삶을 찬찬히 들여다보면 그들은 오늘을 소중히 여긴 사람들이 아니던가.

항상 오늘, 일주문 주련을 다시 되뇌어 본다. 어제는 지나간 오늘이요 내일은 다가오는 오늘이다. 나날이 첫날이고 나날이 마지막 날이며 나날이 한 번밖에 없는 유일한 오늘이다. 저편 절집도 오늘 속에 있고, 등 뒤에서 일렁이는 바람도 오늘 속에 있다. 그래, 지금은 녹음보다 더 울창하고 골짝의 물소리보다 더 청청한 오늘이 아닌가.

밥 먹었느냐

끼니때 밥 먹는 일보다 절실한 게 또 있을까. 마음 편한 사람과 밥상머리에 마주 앉아 하는 식사는 행복하다. 뿐인가, 좋은 사람들과 둘러앉아 담소하며 먹는 밥은 소찬일지라도 즐겁다. 예수도 제자들과 둘러 앉아 담소하며 밥 먹는 일을 즐겼다. 그래서 당시에 말 좋아하는 무리는 예수가 비천한 이들과 먹는 일에만 열이 났다고 비난했다. 그래도 예수는 잡혀가기 전날 밤까지 제자들과 함께 만찬을 즐겼다. 이처럼 기꺼운 사람들과 정담을 나누며 밥 먹는 일보다 더 값지고 성스러운 게 세상에 또 있으랴. 밥은 목구멍으로 넘어가 피가 되고 살이 되어 값진 목숨을 이어준다.

터미널에서 막냇자식을 기다리는 중이다. 외지에서 공부한답

시고 석 달 만에 집에 오는 터라 마중 나와 있다. 버스 도착 시각이 좀 일러 대기실에 놓인 텔레비전 앞에 서 있는데 마침 떠들썩한 사건이 흘러나온다. 이역 바다에서 소말리아 해적들에게 납치되어 총을 맞은 아들이 의식을 잃은 채 병상에 실려 돌아온다는 말을 듣고 부모는 넋을 잃은 채 애통해한다. 가세가 가년스러워 고등학교밖에 보내지 못해 배를 타게 되었다며, 살아서 집에 돌아오면 먼저 배부르게 밥을 해먹이고 싶다며 눈물짓는다.

버스 한 대가 플랫폼으로 들어온다. 옆자리에서 함께 텔레비전을 보며 누군가를 기다리고 있던 중년 여인은 앞으로 내닫는다. 버스 문이 열리고 얼마 후 앳된 청년이 내린다. 여인은 청년을 보자마자 다가가더니 큰소리로 대뜸 하는 첫마디가 '밥 먹었느냐'다. 모자지간이다. 어쩌면 어머니가 자식에게 가장 많이 하는 말 중의 하나가 '밥 먹었느냐?'일 거다. 부모가 제일 걱정하는 것은 자식의 목구멍일 터, 밥은 목숨과 바로 직결되기 때문이다.

자식의 뱃속으로 들어가는 밥이 무엇보다 소중했으리라. 어머니에겐 자식의 사회적 지위나 명예보다도 밥이 더 절실한 문제이다. 제 논에 물들어가는 소리와 자식 목구멍으로 음식 넘어가는 소리가 제일 듣기 좋다지 않던가. 솥에 쌀을 안치고 밥이 익어가는 소리를 들으며 자식을 바라보는 게 가장 행복하다고 한 어느 어머니가 떠오른다. 자식의 배를 곯게 하는 일은 어머니로서는 가장 참기 어려운 고통이리라.

이청준의 소설 《눈길》, 그 장면만 떠오르면 가슴이 먹먹해지고 목이 멘다. 이미 남에게 넘긴 집이지만 우리 집처럼 보이게 하려고 옷궤를 그 집에 갖다 놓는 것도, 새벽에 눈이 가득 내린 어둑한 산길을 걸어 아들을 장터 차부까지 데려다 주는 것도, 아들이 떠난 뒤 어둠 속에서 망연히 차부에 앉아 있는 것도, 돌아오는 길에 두 사람의 발자국이 눈 위에 선명한 것도, 그 길을 되밟고 아들이 달려올 것만 같아 한없이 눈물을 흘리는 장면도 아니다. 그건 바로 눈길을 밟고 떠나는 자식에게 마지막으로 밥을 해 먹이기 위해 어둑새벽에 쌀을 씻었을 그 어머니의 모습이다. 어떤 어머닌들 그렇지 않으랴. 내 어머니 또한 마찬가지였으니까.

어릴 적, 농번기라 아무도 없는 집에서 나뭇가지에 고무줄을 매단 새총을 만지작거리며 놀고 있었다. 때마침 마당 귀퉁이에서 먹이를 찾는 닭이 눈에 들어왔다. 맥쩍고 심심하던 터라 닭을 향해 돌멩이를 날렸는데, 그만 그게 대가리에 맞아 닭은 그

자리에서 바르작거리더니 축 늘어져 버렸다. 장남 삼아 쏜 새총에 정통으로 닭이 맞아 쓰러진 것이다. 어머니께 혼이 날 것은 분명한 일, 겁이 덜컥 났다. 그 암탉은 하루에 달걀을 두 개씩이나 낳아서 어머니는 읍내 닷새 장에 팔아 가용을 마련해 쓰는 소중한 닭이기 때문이었다. 이부제 오후 수업인지라 점심을 먹고 학교에 가야 하는데 밥이고 뭐고 팽개치고 뒷길로 달아나 학교로 도망치고 말았다.

해거름 무렵 학교가 파하고 집으로 돌아가야 하는데 마당에 널브러져 있을 닭을 본 어머니의 표정이 떠올랐다. 게다가 연전에도 장독대에 앉아 있는 도둑고양이를 맞춘다는 게 그만 장항아리를 새총으로 깨뜨려 혼난 적이 있기에 더더욱 집에 들어갈 엄두가 나질 않았다. 날은 어둑해지건만 마을이 보이는 저편 산모롱이에서 맴돌 뿐이었다. 저녁까지 걸렀으니 배에서 꼬르륵하는 소리가 연방 났다. 하지만 어둑한 산자락 밑에 먹을 게 무엇이 있겠는가. 차츰 달은 떠 밝아오는 데도 애솔나무 근처에 무덤이 있어 무섭기만 했다. 게다가 허기가 져서 참을 수가 없었다. 발치에는 달빛에 젖은 고추밭이 눈에 들어왔다. 배고픈 나머지 고추밭으로 들어갔다. 대충 때운 아침밥에다가 긴긴 여름날 두 끼를 굶었으니 허기가 질 수밖에 없었다. 고추라도 따먹어야 허기를 달랠 수 있을 것 같았다. 허겁지겁 고추 예닐곱 개를 따서 씹어 먹고 나니 속이 화끈거리고 목젖이 얼얼하여 눈물이 갈쌍거렸다.

차차 밤은 이슥해 가고 사위가 괴괴해 무섬증이 나서 견딜 수가 없었다. 야단을 맞더라도 집으로 가는 게 나을 성싶었다. 바장이다가 차마 떨어지지 않는 발걸음을 끌고 동구 근처에 도착했을 때 저편에서 불빛이 반짝였다. 다가갈수록 불빛은 어머니일 것이라는 느낌이 차츰 들기 시작했다. 그래, 맞았다. 어머니는 장명등을 들고 미루나무 곁에 우련히 서 있었다. 밤이슬에 젖은 채 자식을 기다리고 있었으리라. 어머니도 달빛 속 저편에서 들려오는 발소리가 자식의 발걸음이라는 것을 알았을까. 어머니에게 혼날 것이라는 생각에 겁을 먹은 채 다가갔다. 한데 첫마디, 어머니의 목청은 이번엔 낮게 떨려 있었다.

'어쨌느냐, 밥은!' 어린 자식은 그만 온몸에 힘이 쭉 빠지고 말았다. 고개 숙이고 달려들어 어머니의 치마폭에 얼굴을 묻고 앙앙 울고 말았다. 어머니는 박박 깎은 자식의 머리통만 쓰다듬을 뿐이었다. 하지만 당시는 왜 그렇게 울음이 터졌는지를 몰랐다. 수십 년이 흘러서야 비로소 알게 되었다. 그리고 그때 어머니의 그 말을 이때껏 한시도 잊지 않고 있다. 세월 흘러 그 자식이 아비가 되었다. 조금 후 버스가 도착하면 그 아비의 자식이 버스에서 내리리라. 맨 먼저 무슨 말이 입 밖으로 나올지 아비는 마음속으로 가늠해 보고 있는 중이다.

날개와 향기

 허리를 곧추 세워 고쳐 앉는다. 텔레비전에서 <동물의 세계>를 방영하고 있는데, 해설자의 말이 귀에 솔깃하다. 거칠고 메마른 사막의 하늘을 유유히 선회하는 독수리 한 마리, 유연한 날개와 그 위용이 눈길을 붙잡는다. 독수리는 수명이 칠십 년쯤 된다 하니 동물의 세계에서는 장수하는 편이다. 그러나 생의 전환점에서 고통의 터널을 통과하지 않으면 그 수명은 사십 년으로 줄어든다고 한다.
 삶의 한고비에서 발톱이 무뎌지고 부리는 가슴까지 닿을 만큼 길어지는 독수리. 새 생명을 얻기 위한 독수리의 고통은 긴 부리를 바위에 쪼아 부수는 것에서 시작된다. 부리가 깨지고 부서지면 새로운 부리가 나는데, 그 새 부리로 이번엔 무뎌진 발톱을 뽑는다. 발톱을 다 뽑아내면 또 다시 몸의 깃털을 모두 뽑는다. 그렇게 반년의 시간을 고통으로 보낸 독수리는 벼린 모습으로 새 생명을 얻게 된다. 독수리는 그렇게 낡은 것들을 사막에 버리고 털갈이를 하지 않으면 다시 힘차게 날아오를 수 없다. 새 생명을 얻으려면 낡은 생명을 죽여야 한다. 그것이 자연의 법칙이다. 그 꽃나무도 독수리처럼 거듭남을 위해 고통의 터널을 견뎌냈던 것일까.

지난해 그날, 엿새 동안 여행길에서 집으로 돌아온 시각은 가을 초저녁이었다. 아파트 철문을 따고 현관에 들어서는 순간 집안 공기가 낯설었다. 웬일인지 서먹하고 익숙지가 않았다. 20여 년 동안 영육(靈肉)을 담고 살아온 집인데, 이 무슨 생뚱맞은 느낌이란 말인가. 우편함엔 여전히 편지들이 꽂혀 있고, 현관에 놓인 신발들과 벽에 걸린 그림 몇 점, 그리고 거실 탁자 위에는 읽다 접어둔 몇 권의 책도 그대로인데 말이다. 그런데도 낯설게 느껴지는 까닭을 알 수가 없었다.

쌓였던 피곤함이 몰려와 여행 가방을 구석에 밀쳐두고 그대로 누워 잠이 들고 말았다. 까닭 모르게 스멀거리는 의식 때문이었을까. 잠에서 깼다. 시계를 보니 새벽 두 시, 갈증이 났다. 물을 마시려고 주방 쪽으로 발을 옮기는데 웬 향기가 코끝에 스며들어 간질였다. 이것이었을까. 이 낯선 향기가 잠 속에 든 나를 흔들어 깨웠을까. 물을 마신 후 명료해진 의식이 콧속 깊이 향기를 끌어들였나 보다. 곰삭고 무르익은 사과향도 같고 이름 모를 향수 냄새 같기도 했다. 혹여 꽃향기일까. 불을 켜고 거실 이곳저곳을 킁킁대며 둘러보았다. 거실과 방 안엔 화초가 없기에 앞 베란다 창문을 열고 눈여겨 살펴봐도 어디서 향기가 풍기는지 찾을 수가 없었다.

    향기의 진원지를 알아낸 것은 다음 날 저녁 무렵이었다. 다시 시작된 일상에 쫓겨 잊고 있다가 퇴근해 집안에 들어서는데 그 향기가 다시 옅게 풍겨왔다. 저녁을 먹고 나서 작정하고 집 구석구석을 다시 뒤져 보았다. 장롱 밑과 주방 귀퉁이까지 샅샅이 살피고 들춰 보았다. 향수병이라도 엎질러져 있거나, 먹다 남은 사과가 구석에 놓여 있는지도 모른다는 생각이 갈수록 들었기 때문이었다. 그러다가 베란다 쪽으로 발걸음을 옮겼다. 그쪽으로 다가갈수록 향기가 더 짙음이 감지됐다. 그렇다면 분명히 이쪽이다. 꽃만 향기를 지니란 법은 없는 일, 하나하나 짯짯이 살펴보았다. 이곳저곳 흔들어보고 들쑤셔보다가 마침내 눈길이 머문 곳은 유리 창문이었다. 차광도 할 겸 나팔꽃 줄기가 타오르기 쉽도록 쳐두었던 갈대발이 눈에 들어왔다. 발 뒤로 얼핏 우련하게 어른거리는 게 눈에 띄었다. 봄과 여름을 나며 줄기를 뻗고 꽃을 피우던 나팔꽃의 잿빛 잔해만 어지럽게 남아있는 그곳이 향기의 진원지였다. 조심스럽게 발을 들추었다.

이런 세상에! 잿빛 줄기와 마른 잎에 가려 보이지 않았는데, 발 뒤 음지에서 올망졸망 꽃숭어리를 허옇게 피워 꽃물결을 이루다니. 한줄기의 우꾼한 기운이 등줄기를 관통하며 메마른 정신을 화들짝 흔들어 깨웠다. 그즈음 거름은커녕 물 한 초롱도 마음먹고 부어 준 기억조차 아슴아슴했다. 더구나 집을 비운 그 며칠 동안 어둠 속에서 혼자 꽃을 피워냈단 말인가. 낮엔 접고 있다가 밤이 되면 꽃을 열어 향기를 피우는 야화(夜花)라더니 그랬던 모양이었다. 미안하다, 미안하다. 혼자 연방 되뇌었다. 생사의 전환점에서 컴컴하고 외진 고통의 터널을 뚫고 꽃을 피워냈던 것이다. 꽃의 자태는 고아했지만 잎과 줄기는 용을 쓰며 혼자 아이를 낳은 여인처럼 수척했다.

이십여 년 전, 아파트로 이사 온 후 거실 한구석이 허전해 사들인 행운목이었다. 앉아서 덤으로 행운을 얻어 보자는 심사는 아니었다. 꽃집 앞을 지나치다가 거침없는 자란 줄기와 넉넉하고 푸른 잎사귀가 마음을 끌었을 뿐이었다. 하여 십수 년 동안 때맞춰 물을 주며 마음을 들였건만, 어느 때부턴가 차츰 싫증이

나더니 결국 관심에서 벗어나기 시작했다. 허구한 세월 동안 꽃이 피길 하나 열매를 맺기를 하나, 그러더니 마른 수숫대처럼 줄기가 시들머들해 생명이 다했지 싶었다. 하긴 그 세월이 흘렀으니 그럴 만도 했다. 마침내 천덕꾸러기가 되어 베란다 한쪽 창가로 밀려나고 말았다. 한데 생존의 안간힘이었을까. 그 모습으로 어둠 속에서 산고를 치르고 꽃을 피워낸 것이다.

행운을 가져다주는 나무라 했던가. 꽃을 보고 있으려니 가슴이 먹먹하고 혼란스러웠다. 행운이 이렇게 오는 것인지, 저렇게 더디 오는 것인지, 이리도 가까운 곳에 있었는지, 저리도 외진 곳에 숨어 있었는지 하는 별별 생각 쉽사리 다가서질 못하고 우두망찰할 뿐이었다. 차츰 관심이 회복돼 다시 틈만 나면 눈길을 보내고 들여다보기 일쑤였다. 한번 핀 꽃은 낮에 접으면 다시 피지 않았다. 꽃망울이 많아서 십여 일을 피고 지고를 거듭했다. 귀하다는 꽃을 보게 되었으니 언감생심 이도 행운이라면 행운이었다. 그러나 행운은 앉아서 기다리는 자보다는 고난을 극복하려는 용기를 갖고 걷는 자에게 다가오는 성취가 아니겠는가.

사막의 독수리와 갈대밭 뒤편의 행운목은 분명히 새 생명이다. 독수리의 위용과 행운목의 자태가 갈마들어 피돌기를 타고 흐른다. 꽃과 향기는 내게 행운을 주려는 게 아니라, 삶의 한고

비에서 새 생명을 일구기 위해서는 무엇을 어떻게 준비해야 하는지를 가르쳐 준 셈이다. 무엇을 뽑아내고 어떻게 세월을 견뎌야 저처럼 거듭날 수 있을까. 날개와 향기를 위하여, 스스로 생의 미욱한 더께를 자꾸 옴씹어 본다.

꽃과 향기는 내게 행운을 주려는 게 아니라, 삶의 한고비에서 새 생명을 일구기 위해서는 무엇을 어떻게 준비해야 하는지를 가르쳐 준 셈이다. 무엇을 뽑아내고 어떻게 세월을 견뎌야 저처럼 거듭날 수 있을까.

속으로 피는 꽃

　먹장구름 저편에서 천둥이 두어 번 울어 옌다. 그예 소나기가 쏟아지기 시작한다. 낯선 골목길을 걷다가 처마 밑에 들어 비가 긋기를 기다리는데 후드둑 후드드둑, 가까이서 빗방울 소리 사뭇 요란하다. 건너편 담장 너머에 넓적한 잎을 받쳐 든 무화과나무 한 그루 눈에 띈다. 그 잎사귀에 듣는 빗소리다. 수령이 오래된 나뭇가지에는 크고 작은 무화과가 촘촘히 열려 있다. 집주인은 누구일까. 도회 정원에서는 그리 흔치 않은 수종인데, 비를 맞고 서 있는 무화과나무를 묵연히 바라보고 있으려니 '그 무화과나무'가 눈에 암암하다.

　산촌 고향집 대문을 밀고 들어서면 먼저 '그 무화과나무'가 눈에 들어온다. 어릴 적, 키가 작아 손길이 열매까지 닿지도 않았지만, 누구든 무화과를 따는 걸 본 적이 없었기에 굳이 발돋움하려 하지도 않았다. 집 식구들이 무화과를 왜 바라보기만 하였는지 그 당시에는 알지를 못했다. 고향 떠나 타관에서 나그네 살이가 힘겨울수록 그 무화과나무가 가끔 아슴아슴하게 떠오르곤 한다.

무화과나무의 수피는 회백색이고 가지는 녹갈색이다. 잎은 넓고 두꺼우며 어긋난 데다 끝이 둔하고 가장자리에 톱니가 나 있어 볼품이 없다. 때깔이 고와야 맛도 있게 보이는 법인데, 열매조차 우중충한 암자색에 모양조차 대충 주물러놓은 작은 만두처럼 못 생겼다. 거친 잎사귀와 구부정한 수형은 그렇다손 치더라도 치명적인 것은 꽃 없는 과실이라는 점이다.

게다가 탐탐치 않은 대접조차 받고 있다. 아담과 이브는 에덴동산에서 금기시되었던 선악과를 따먹은 나머지 부끄러움을 알게 돼 무화과나무 잎으로 앞을 가렸다니, 인류 최초의 의상인 셈이다. 그런 공로는 어디 가고 '이제부터 영원토록 열매를 맺지 못하리라'며 예수의 저주조차 받았단 말인가. 외식(外飾)에 치우쳐 믿음의 열매를 맺지 못하는 당시 사람들을 비유한 말이건만, 저주받은 무화과라는 오명을 쓰고 있으니 어찌 명예로운 일이랴. 그뿐만 아니라 예전엔 먹으면 아기집에 탈이 난다며 혼전의 여인들에겐 무화과를 먹지 못하게 하였다니 이 또한 억울하기는 마찬가지다.

그래도 이런 나무일수록 내세울 만한 것 하나는 있는 법이다. 들추자면 열매다. 무화과의 붉은 속살은 복숭아처럼 향긋한 맛이 나며 과일 중에서 당도가 제일 높아 밀과(蜜果)라고 불릴 정도다. 열매는 겉만 보아서는 알 수 없듯이 속을 짯짯이 살펴보아야 한다. 사람도 그렇지만 겉에만 집착하다 보면 실속을 놓치는 경우가 있기 때문이다. 속을 톺아본 적이 있는 사람은 무화과가 만만한 과일이 아니라는 것을 안다.

흔히 무화과(無花果)를 '꽃이 없는 과실'이라고 하지만 천만의 말씀이다. 열매를 맺기 위해서는 꽃이 필요한데, 어찌 꽃 없이 열매를 맺을 수 있겠는가. 무화과나무도 꽃이 있다. 열매 속에서 내밀하게 꽃을 피우기 때문에 눈에 보이지 않을 뿐이다. 열매를 두 쪽으로 갈라 속을 찬찬히 살펴보면 붉은 꽃술들이 표피 안쪽 벽에 촘촘히 모여 있는데 그게 바로 꽃이다. 열매라고 생각하고 먹는 것이 바로 꽃이기에 무화과를 먹는다는 말은 곧 꽃까지 먹는 셈이다.

열매 속에서 꽃이 피는 무화과는 때가 되면 제 몸을 아낌없이 내놓는다. 과육이 익을 무렵, 열매의 끝 부분에 구멍이 조금 열리는데 개미들이 드나들며 먹이를 구한다. 열매 속에는 많은 당분을 지니고 있기에 먹을거리로는 그만이다. 이어 초파리들이 찾아오고, 더 익으면 나비와 벌들이 날아와 과즙을 취한다. 드디어 열매가 벌어지면 까치나 직박구리가 과육을 찍어 먹고 나면, 마지막 속살까지 들쑤성거리며 독판을 치는 놈은 말벌이다. 그래도 불평 한 마디 없다. 나무 한 그루가 이토록 많은 생명체를 불러들여 여름 내내 잔치를 베푸는 과실이 어찌 흔하랴. 이는 크고 작은 열매들이 차례대로 익어 가기에 가능한 일이다. 어디 그뿐인가. 넓적한 잎사귀는 풍성한 그늘을 드리우기에 그 밑에 초석을 깔면 쉼터로도 안성맞춤이다.

이런 무화과나무를 낮추어 보는 것은 온당한 일이 아니지 싶다. 겉으로 핀 꽃만 꽃이라 여기며, 속으로 핀 꽃을 알아주지 않음은 야속한 일이다. 무화과나무인들 눈길을 끄는 겉꽃으로 피어 누군가를 향하고 싶지 않았으랴. 어찌 붉게 피어 훈풍에 흔들린 만큼 더욱 붉어지고 싶지 않았겠는가. 꽃은 안으로 안으로만 스며들어 애오라지 숫저운 꿈을 엮어내는 데 여념이 없었을 터이다. 겉꽃만 화려할 뿐 쓸모없는 열매를 맺는 것보다 더 낫지 않으랴. 피어 시들기보다는 차라리 열매 속에 고이 머무는 길을 택한 것은 아니었을까.

이제야 고개가 끄덕여진다. 그동안 엮어온 세월을 되작여 본다. 겉꽃이 빈약하다고 꽃 시절이 없었다고 불평하거나 서러워하지 말 일이다. 저 무화과를 보라. 스스로 깊어가며 속으로 꽃을 피우고 있질 않은가. 시선을 받지 못하지만 묵묵히 나누며 살아가는 사람들의 등을 다독여 주는 위로의 열매이지 않은가.

소나기 달려간 후 새무룩하던 하늘이 차츰 걷히자 무화과는 다시 갓맑은 침묵에 든다. 소나기에 영육(靈肉)을 씻은 저 무화과, 시방 무슨 사념의 켯속에 잠겨 있는 것일까. 무화과의 속꽃을 생각하며 비에 젖은 생의 골목길을 다시 뚜벅뚜벅 걷는다.

날파리 한 마리 키우며

 병원 문을 나서 계단을 내려오다 층계참에서 걸음을 멈춘다. 귀청을 맴도는 의사의 말 속에서 그 새 한 마리가 푸드덕 날아올랐기 때문이다.
 "이건 비문증(飛蚊症)이라고 하지요. 눈을 많이 쓰면 나타나는 날파리 증세입니다. 안약을 넣어도 별 효과가 없을 게요. 그대로 사십시오, 완치가 어려우니. 큰 병원에 가면 수술 방법이 전혀 없는 것은 아니지만……."
 안과 의사는 처방이 없다 하면서도 애매한 결론을 내린다. 의사의 말 속에서 날아오른 날파리가 그동안 가뭇없이 사라졌던 그 새를 불러들인 것이다.
 옛적 초등학교 시절. 우리 동네 고샅 들머리에는 술만 취하면 동네방네 왜장치는 봉수 양반네 집이 있었다. 그 집 토담 안엔 키가 큰 감나무가 한 그루 있었는데 가을이면 여문 주황빛 감이 주렁주렁 맺곤 했다. 그 감은 보기에도 장히 탐스러웠지만 맛있다는 소문이 자자하여 내남없이 군침을 흘리면서도, 봉수 양반의 그 고약한 성깔 때문에 누구든 감히 가까이 가기를 꺼렸다. 사소한 일에도 동티를 만들어 드잡이질을 일삼는 그와 대적하기 싫었기 때문이다.

그날은, 오후부터 시작하는 이부제 수업을 마치고 시오릿길을 걸어오느라 배가 무척 허출하던 날이었다. 동구에 있는 당산나무 곁을 지나 마을에 들어서려니 그날따라 유난히 봉수 양반네 단감이 눈앞에 어른거렸다. 추수철이라서 동네는 한적하고 인적이 뜸해 단감에 대한 눈독을 더 부추겼다. 뱃속에서 꼬르륵 소리가 났다. 주변을 두리번거리다가 토담을 기어 올라갔다. 달큼한 단감 냄새가 코끝을 간질였다. 입맛을 다시며 늘어진 가지를 당겨서 주먹만 한 감 하나를 손에 쥐고 힘을 주었다.

그때였다. 갑자기 허공에 검은 그늘이 드리워지는가 싶더니 무언가가 퍼덕퍼덕 소리를 내며 위로 솟구쳤다. 혼비백산, 가지를 놓치며 토담에서 미끄러져 땅바닥으로 떨어지고 말았다. 감나무 우듬지에서 몸집이 흑비둘기 만한 큰 새 한 마리가 날갯짓을 하며 하늘로 푸드덕 날아올랐다. 벗겨진 신발조차 챙겨들지 못한 채, 쿵쾅거리는 가슴을 부여안고 냅다 달려 우리 집 골방으로 뛰어들었다. 한참 후, 정신을 수습하고 생각해 보니 그 새도 잘 익은 과육을 알고 나보다 먼저 파먹고 있었나 보다.

그날의 검은 물체는 어깨와 배, 등까지 금속성의 검은 광택이 나는 새였다. 지금도 이름을 알 수 없는 새다. 그래서 실제보다 더 크게 보였을는지도 모른다. 그 검은 새는 며칠 동안 어린 내 의식 속을 떠다니며 죽순처럼 쑥쑥 자라더니, 어느 때부턴가 암암하게 가물거리다가 슬그머니 자취를 감추었다. 그런데 이 날파리는 달포가 지나도 사라지기는커녕 외려 눈앞에서 점점 더 선연히 알짱거린다. 하루살이 같은 검은 물체 하나, 병원에 가기 전엔 일시적 증세거니 여겼는데 그게 아니었다. 주변 사람들이 말하길 어떤 이는 망막에 손상이 와서 그렇다고 하고, 다른 이는 당뇨병이 원인이라고 알은 체를 했다. 혹시 소갈이 생긴 건가 하여 병원에 가보았지만 검사 결과 그도 아니었다. 대수롭지 않게 여기려 하였지만 여러 날이 지나도 검은 물체는 사라지지 않고 눈앞에서 맴돌았다.

어쩌면 어릴 적 그 검은 새는 온전히 사라지지 않고 그동안 의식의 밑바닥에서 살고 있었던 내 비양심의 투사였는지도 모른다. 이제껏 살아오면서 의식 속으로 날아오른 검은 새가 어찌 그 한 마리뿐이었겠는가. 교만과 이기, 오만과 욕망 등 생에서 삿된 무수한 새가 날아올랐겠지만 무디어진 감각과 흐려진 영혼 때문에 보지 못했거나, 보았더라도 모른 체 했을 것이다. 더러 생의 방편이라는 이유로 합리화하거나 묻어두고 살아왔을는지도 모른다. 그러니 까마득히 잊고 살았던 검은 새가 그날의 혼비백산을 깨우쳐 주려고 날파리가 되어 내 눈에 들보로 들앉았는지도 모른다.

 소용없다니 안약 넣을 필요도 없겠고, 수술할 필요는 더욱 없겠다. 다시 찾아온 검은 새가 날파리로 떠올라 망막에서 내 속뜰을 짯짯이 엿보고 있다고 여기면 될 테니까. 욕심의 거울에 비춰 보면 산지사방이 봉수 양반네 단감인 세상, 가슴속에 산뜻한 꽃 한 송이는 아닐지라도, 눈 속에 날파리라도 한 마리 키우는 일이 그리 나쁠 성싶지는 않다.

꽃과 사내 그리고 나무새

궁리 끝에 하냥 바라보기로 했다.

지난겨울, 지인이 꽃 이름까지 곁들인 난분을 집으로 보내왔다. 거실 모서리 탁자에 올려놓고 우정에 보답도 할 겸 틈나는 대로 바라보며 눈정을 나누곤 했다. 꽃차례가 가지런하고 꽃송이리가 수련하여 완상하는 눈맛이 소쇄하기 그지없었다. 해동(解凍) 후엔 볕과 통풍을 생각해 거처를 앞 베란다로 옮겨주었다. 화초에 손방인 내게 와서 겨울과 봄을 나고 여름을 맞이하는 지금까지 잎과 줄기가 무탈한 것을 보면, 내 눈길과 보살핌이 쓸모없지는 않았나 보다.

한데 참 이상한 일이다. 두 뼘쯤 되는 세 개의 꽃대에서 갓맑은 자태를 뽐내던 꽃들은 이울어 하롱하롱 졌건만, 가장 긴 꽃대

끝 꽃자루에서 핀 꽃송이 하나는 지금껏 줄기차게 매달려 있다. 벌써 두 철을 넘기고 있지 않은가. 처음엔 신기하고 기특하기도 했는데 이즘은 외려 마음이 흔들린다. 때가 되면 낙화하는 게 그들의 생리이거늘, 저토록 오래 피어 있다는 게 마음에 걸리기도 하고 거슬리기도 하였다. 혹시 석고처럼 굳어진 것은 아닐까, 꽃자루에 매달린 채 박제가 되어버린 것은 아닌지 하는 노파심조차 들어 다가가 눈여겨보았지만 별 이상이 없다. 흰 꽃잎은 물론이거니와 메마르긴 했지만 꽃자루 또한 올곧았기 때문이다.

까닭 모를 노파심에 꽃송이를 그만 똑 따버릴까 하는 생각조차 들었다. 하나 그럴 수는 없는 일, 그냥 두고 보기로 했다. 산등성마루를 묵연히 바라보다가 낙화의 때를 놓쳐버린 것은 아닐까. 아니면 철을 이겨내고 머물러서 이루고자 하는 어떤 간절함이 있는지도 모를 일이다. 이런 내 속내를 아는지 모르는지 꽃은 고개를 약간 뒤로 젖히고 먼 산등성마루에 시선을 맞춘 채 흐트러짐이 없이 도저하다.

꽃을 보노라면 그 사내의 모습이 갈마든다. 꽃과 사내는 닮았다. 그 사내는 산등성이 아니라 하늘을 바라보고 있는 게 다를 뿐이다. 사내를 처음 발견한 것은 달포 전 산책길에서다. 그즈음 마을 사람들 사이에 사내는 이야깃거리였다. 사내는 해뜰참부터 해물녘까지 햇볕 아래서 고개를 뒤로 젖혀 하늘을 바라보고 있기 때문이었다. 사십 전후, 그는 산자락을 끼고 있는 저수지 둑에 앉거나 서 있었다. 그날, 나 또한 그를 처음 보았지만 심상치가 않아 보였다. 얼굴은 볕에 그을렸으며 고집스레 보이는 검정색 굵은 테 안경을 끼고 있었다.

궁금했다. 며칠 후, 산책 중에 또 사내를 볼 수 있었다. 걸음을 멈추고 유심히 바라보았다. 표정은 새무룩했지만 허우대는 멀쩡한 사내였다. 인기척에도 개의치 않고 그 자리에 붙박인 채 허공에 눈길을 던지고 있을 뿐이었다. 입성은 검정 바지에 흰 점퍼 차림이었는데 점퍼 곳곳에는 때로 얼룩져 있었다. 그가 누군지 아는 사람이 없었다. 정신 나간 사람 같다고 하기도 하고, 마약을 한 사람 같으니 신고해야 되지 않겠느냐고 수군거리기까지 했다.

사내를 만난 지 열흘쯤 되던 날이었다. 저수지 둑길에서 그의 곁을 또 스쳐 지나가게 되었다. 불을 붙이지 않은 담배가 손가락 사이에 끼어 있었다. 그리고 왼손엔 종이컵까지 들려 있었다. 소주잔인지 커피잔인지 알 수가 없었다. 여전히 눈길은 하늘을 향하고 있었다. 한데 그날따라 사내의 얼굴엔 미소가 희미하게 번져 있었다. 도대체 무엇을 바라보고 서 있는 것일까. 나도 무

꽃과 사내 그리고 나무새

심코 그의 눈길을 좇았다. 허공엔 산새 몇 마리 저편 솔수평으로 날아가고, 몇 점 구름이 흐를 뿐이었다. 몇 발짝 걷다가 등 돌려 다시 고개를 젖혀 하늘을 바라보았다.

아! 저게 뭐야. 걸음을 멈추고 허공을 짯짯이 바라보았다. 구름발치에 무언가 눈에 잡혔다. 낮달이었다. 낮달이 저편 하늘가에 우련하게 떠 있었다. 흔치 않은 낮달, 사내는 그걸 보고 새무룩했던 얼굴이 저리 펴졌을까. 흐르는 구름, 날아가는 새, 달려가는 바람도 낮달 곁에 있었다. 허공에서 무언가 새로운 것을 발견하면, 그때마다 침을 삼키고 콧마루를 옴씰거리며 눈빛이 반짝였을 것만 같다. 하여 입초리에 미소까지 찾아들었는지도 모른다. 나도 낮달을 발견한 사내와 같은 눈빛이 된 적이 있다.

연전, 노을 지는 섬진강변 마을 어귀에서 마주친 허공의 새 한 마리가 내 눈길과 발길을 붙잡았다. 우주목(木)과 목조(木鳥), 바람 불면 긴 장대 위에서 강 건너 앞산 자락을 타고 훨훨 날아오를 것만 같은, 허공에 떠서 바람 앞에 앉아 있는 나무새였다. 그 나무새는 허공에 떠 바람 속에 있기에 외려 더 자유로웠는지도 모른다. 꽃 속에서 사내를 보고, 사내의 그 눈길에서 내 속뜰을 본 것일까.

이울어 지지 않는 꽃송이를 따내 버리려던 내 마음을 외려 따버린다. 먼 산등성이 조금이라도 더 가깝도록 한 송이 꽃을 떠받들고 있는 난분을 유리창가로 바투 밀어준다. 이젠 꽃이 스스로 질 때까지 이윽토록 바라볼 참이다. 제 꽃철이 지나도 지지 않는 꽃, 낮달 보고 미소 짓는 사내, 그 곁에서 나도 나무새가 되려는가.

그 고샅 풍경

복닥거리는 한길보다 골목길이 더 마음을 끈다. 구붓한 골목길은 아늑하고 친근감이 있어 마음이 편하다. 오늘은 일부러 골목길로 접어들어 집으로 향한다.

외길로 난 골목길, 고개 들어 바라본 푸른 하늘은 한길에서 바라본 것과 어찌 비기랴. 그런 골목길 풍경을 기웃거리며 걷다 보면 마음 푸근해 참 좋다. 삶의 애환이 베인 해질녘 골목길은 생각에 잠길 수 있어 마냥 걷고 싶어진다.

굽이진 골목길은 콧노래 흘리며 혼자 걸어야 제격이다. 함께 오순도순 동행하는 맛도 있겠지만 홀로 걷는 게 더 깊은 맛이 있다. 이런 골목길에서 우리는 잔뼈가 굵었고, 고물거리며 살다가 결국 그 길로 가뭇없이 사라진다.

골목길을 걷다 보면 가슴 가득히 번져 오는 길이 있다. 눈 감으면 물큰한 흙냄새 나는 그 고샅이다. 유년을 떠올리면 그 고샅이 눈에 암암하고, 고향의 풍정이 햇볕의 사금파리처럼 반짝인다. 그 고샅은 늘 마음의 등불이며 평화의 안식처다.

그 고샅을 통해 유년의 샘물을 길어 올린다. 그런 고샅을 가슴에 담고 있는 한 조금은 행복하다. 그 고샅은 내가 태어난 산촌의 궁벽한 마을을 가로지르는 길이다. 동구 느티나무에서 집으로 오십여 미터쯤 거스르는, 폭이 두어 발자국 정도의 조붓한 골목길이다. 내 상념은 무시로 그 고샅을 향해 줄달음친다.

희붐한 새벽녘에 그 고샅을 나서면 신선감에 젖었고, 낮엔 온갖 삶의 편린들이 은어 비늘처럼 반짝이던 곳이다. 석양녘에 토장국 내음이 골목 가득히 흐르면, 코를 흠흠대며 사립문으로 들어서던 길이다. 달 뜬 밤이면 출렁이는 달빛이 발에 밟히는 그윽한 곳이요, 언제나 살아 꿈틀거리는 오롯한 꿈의 터전이다.

봄이면 민들레와 오랑캐꽃이 무덕무덕 피는 길. 여름엔 저편 미루나무에서 목청껏 울어대는 말매미소리에 한낮에도 여름은 청청하기만 하다. 따가운 갈바람이 고샅을 달리며 토담 너머 잎사귀 뒤의 감 볼을 붉힌다. 그리고 눈 덮인 겨울엔 달빛 한 자락 베어 풀어 놓은 고요초롬한 길이다.

몽탄 당숙네 막내딸이 서울 양은 공장으로 밤봇짐 싸 뒤돌아 보며 갔던 길이고, 은행나무집 둘째 아들이 큰 돈 벌어 금의환향했던 길이다. 밀주 들켜 오라 차고 함평 양반이 끌려간 길이고, 얄궂게도 그 아들이 번듯한 경찰이 되어 돌아온 길이기도 하다.

어머니의 흰 무명치마가 스쳐 간 정갈한 길이고, 술에 불콰한 아버지의 웅얼거리는 노랫가락과 어지러운 발걸음 소리가 흔들리던 길이다. 또 낡은 가죽 가방 속에 갖은 소식을 담고 구부정한 우체부가 오르내리던 가년스러운 길이다.

그 고샅을 통해 고모님은 눈물 훔치며 시집을 갔고, 몇 달 후엔 언제 그랬냐 싶게 치맛자락 날리며 종종걸음으로 고샅을 치닫던 길이다. 그런 딸을 맞는 할머니도 그 길을 통해 꽃가마 타고 시집왔으며, 결국 장대 같은 빗속을 꽃상여 타고 홀홀히 다시 되돌아갔던 길이다.

하나 아직도 밤마실 갔다 오는 체수 작은 할머니의 발자국 소리가 남아 있고, 소 팔러 갔다 임자 못 만나 워낭 소리 앞세우고 터벅터벅 고샅을 거스르던 할아버지의 기침 소리가 밤바람과 함께 어우러진 길이다. 그런 밤이면, 달을 보고 컹컹 개 짖는 소리에 달빛이 흔들렸다. 그러면 밤이 이슥한 줄 알았고, 문문한 달이 휘영청 밝을 것이라 여기곤 했다.

 어찌 유년 동무들의 왁자한 목소리가 들리지 않으리. 올챙이, 땅개, 딸금이, 아아 목덜미가 흰 분희, 그리고 살구나무집 숫저운 동금이도……. 그곳은 촌동들에겐 둘도 없는 놀이터요, 목을 빼는 기다림 터다. 아이들은 그곳에서 뒹굴며 발목이 굵어졌고, 재 너머 오일장에 간 어머니를 목마르게 기다리던 곳이다.

 어둑발이 내리면, 어머니들은 아이들을 찾기 위해 골목을 향해 청마루에서 손나발을 불곤 했다. 하면 그 소리는 저녁 짓는 굴뚝 연기와 함께 어우러져 뒷산의 메아리로 되돌아 왔다. 우린 그 고샅에서 정을 나누고 슬픔을 달랬으며 기쁨을 함께 하기도 했다.

 그 고샅에서, 햇볕과 바람과 길섶의 들꽃 곁에서, 나는 바깥 세상을 배우기 시작했다. 비록 지금은 초라하게 변해버린 길이지만, 그때 그 고샅에서 익힌 유년의 몸짓으로 오늘을 살고 있는지도 모른다. 그리고 언젠가는 그 고샅을 통해 다시 회귀할 길이기도 하다. 하여 그 고샅은 언제나 내 영혼 한켠에 늘실늘실 흐르는 한줄기의 빛나는 강이다.

 상념의 실타래를 풀다 보니, 어느덧 골목길을 벗어나 한길가로 나선다. 아파트 숲을 향해 걸어가는데 자동차 클랙슨 소리가 나를 깨운다. 화들짝 놀란 그 고샅의 아련한 풍경은 내 등 뒤로 슬며시 숨는다.

신(神)의 날개

　순간, 통증이 날카롭게 솟구쳤다. 무언가 발바닥 맨살을 파고든 모양이다. 발등이 얼얼하고 발바닥은 경련이 인다. 발바닥을 바라보니 핏기와 함께 유리조각이 살 속에 박혀 있다. 이즘 걸음이 불편한 점도 있었지만 발을 소홀히 한 탓이다. 손톱으로 유리조각을 꺼내보려 하였지만 어림없는 짓이다.
　얼마 전부터 발이 시원찮아 걷기가 거북하였다. 발바닥이 당기고 화끈거렸다. 하나 이러다 괜찮아지겠지 하고 대수롭지 않게 여겼다. 한데 며칠이 지나도 불편함이 가시질 않아 병원엘 들렀다. 의사는 발뒤꿈치에서부터 발바닥 쪽으로 이어진 인대에 이상이 있다며 '족저근막염'이라는 진단을 내놓는다. 자고 일어나 첫걸음을 디딜 때, 오랫동안 서 있거나, 앉아 있다 일어설 때

통증이 나타나는 증세라는 게다. 오래 걷거나 서서 일하는 직업, 또는 발을 무리하게 쓰거나 발에 맞지 않는 신발 등이 그 원인이라고 한다.

발바닥을 유심히 들여다본다. 언제 이렇게 발바닥을 찬찬히 바라본 적이 있었던가. 발바닥은 신체 중 가장 낮은 곳에서 온 체중을 싣고 다니며 노역에 가까운 일을 하는 곳이지 않은가. 발바닥이 없으면 어찌 땅을 디디고 상하 좌우로 이동할 수가 있으며 신체를 곧추세울 수가 있었겠는가. 발바닥 가운데 움푹 꺼진 데는 그늘지고 초라하기 짝이 없다. 왜 이다지도 푸대접하고 무관심했을까. 같은 사지인 손바닥은 가끔 다듬기도 하고 거칠어지면 무어라도 찍어 바르지 않았던가.

그날, 어머니의 발과 발바닥이 떠오른다. 저세상으로 가시는 마지막 모습을 보기 위해 자식들과 친척들은 염습실로 모여들었다. 난 차가운 스테인리스 침대에 맨몸으로 누인 어머니의 발쪽에 서게 되었다. 내 눈에 들어온 것은 어머니의 발이었다. 어머니는 마지막으로 내게 당신의 발을 보여주고 있는 셈이었다. 염사는 흰 천 밑으로 손길을 넣어 몸을 씻긴 후 얼굴 화장까지 정성 들였다. 한데 줄곧 내 눈길이 간 곳은 염사조차 관심을 두지 않는 발과 발바닥이었다.

흰 천 밑으로 내민 거무스름한 발과 창백한 발바닥, 거친 발등과 무지러진 발톱, 거칠거칠한 각질에 덮인 뒤꿈치가 눈앞에 확대되었다. 발바닥 앞쪽 볼에 속절없이 눌러앉은 티눈, 늘 철커덕거리는 고무신 속에서 헉헉대야만 했던 고리삭은 발가락이 눈앞에 놓여 있었다. 그동안 숨 가쁘게 달려왔던 모지락스러운 삶의 흔적들이 화석같이 고스란히 남아 있었다. 어머니의 발과 발바닥은 식솔들을 위해 애면글면했던 평생이 각인된 신체 부위가 아닌가. 필부(匹婦)의 삶이 이러할진대 거룩한 뜻을 일구며 산 이들의 발이야 오죽했으랴.

잊히지 않는 장면이 또 갈마든다. 언젠가 큰스님이 산사에서 입적한 후, 제자들에 의해 법구가 다비장으로 운구되어 가는 광경이 티브이에 방영되었다. 스님의 법구는 제자들이 추슬러 멘 어깨 위에 편안히 누워 있었다. 어찌 된 영문인지 스님의 발바닥은 천 밖으로 삐져나와 있었다. 스님은 발바닥으로 산천초목을 휘둘러보며 사부대중들과 이별하고, 사부대중들은 색색의 만장과 함께 법구의 발바닥을 바라보며 따르고 있는 것처럼 보였다.

시절 인연이 다하여 이승을 떠나게 되면 비로소 다리는 머리와 나란히 같은 층위에서 대접을 받는 것일까. 보이지 않는 얼굴 대신 발바닥이 스님의 얼굴이 된 셈이었다. 죽고 나면 얼굴보다 발과 발바닥으로 그의 삶이 기억된다는 말이 맞는 것일까. 큰스님처럼 살다간 분들이 어찌 한두 사람이겠는가. 성자들의 행적 또한 발을 통해 이룩한 가르침이 아니던가.

석가모니가 열반에 들기 직전, 슬피 우는 제자들에게 슬쩍 발을 내밀었다고 한다. 평생 구도행으로 편평해진 평발이었다. 이는 영취산 법회에서 연꽃을 들어 보인 것처럼, 발을 통해 제자들에게 생의 무량한 비의를 뚱겨주고자 한 것일까. 공자도 고행 속에서도 제자들과 함께 드넓은 땅을 걸어 다니며 덕치를 펼치려 하였고, 예수 또한 발바닥의 수고를 아끼지 않고 곳곳을 찾아다니며 선포하고 가르친 후 그 발에 못이 박히는 수난을 겪지 않았던가. 성자들이 일군 삶의 궤적은 모두 발과 발바닥의 의로움과 수고로움이 이룩해 낸 거룩한 행적들이다.

핀셋으로 유리조각을 겨우 뽑아낸다. 이젠 덧나거나 곪지 않도록 약을 바른다. 발은 보이지 않은 낮은 곳에서 생명을 일구는 식물의 뿌리와 같은 곳이다. 하나 발은 뿌리내릴 수가 없기에 늘 움직이며 걸을 수밖에 없다. 그게 발의 숙명이라면 생을 앞으로 나아가게 하는 수레바퀴와 같은 일을 하는 게 발바닥이지 않는가. 그래, 이제부턴 발과 발바닥을 머리 얼굴과 같은 층

위에 놓아두리라. 인간의 발은 신(神)의 날개로 만들었다는 어느 누군가의 말이 비로소 설득력 있게 다가오기 때문이다.

이쪽은 화사하고 밝은 불빛이지만, 저쪽은 푸르스름하고 적요한 달빛이다. 이쪽은 먹이와 놀이가 흥성하지만, 저쪽은 달빛과 안개에 젖어 있는 가녀스런 침묵이다. 왠지 오늘 밤은 달빛 속의 침묵 쪽으로 마음이 더 쏠린다.

2. 경계(境界)에 서서

경계(境界)에 서서
상쾌한 덫
여여(如如)하니
유심(幽深)
징검다리에 대한 상념
내려놓기
빗장 풀기
이 또한 지나가리라
해 뜰 참

경계(境界)에 서서

밤이 이슥하건만 눈 붙일 기색들이 보이질 않는다. 손전화로 누구와 통화하며 잡지를 건성으로 넘기는 사람, 맥주를 홀짝이며 발코니 난간에 기대어 담배를 피우는 이, 영수증을 늘어놓고 고개를 갸우뚱하며 돈을 헤아리는 자 등 제각각이다. 탁자 위엔 기름진 음식과 술이 놓여 있고, 텔레비전에선 집값이 터무니없다며 이구동성으로 핏대를 올리고 있다. 하나 아랑곳없이 덕유산 무주구천동의 밤은 그렇게 깊어만 간다.

발코니에 있던 이가 창문을 열고 들어오는데, 얼핏 거무스름한 게 눈에 스친다. 거실에서 새어 나간 불빛에 물체가 눈에 어른거린 게다. 짚이는 데가 있어 창문을 열고 발코니로 나간다. 마주친 것은 달빛 속에 우뚝 서 있는 한 그루 소나무다. 수관(樹

冠)이 눈높이에 떠 있다. 숙소가 4층이니 나무의 키는 십여 미터는 족히 넘을 듯하다.

이곳에 처음 도착한 땐 주위를 눈여겨볼 겨를이 없었다. 사방은 온통 녹음으로 푸르러 눈은 분별력을 잃고, 골짝을 울리는 매미 소리로 귀는 먹먹하기만 했다. 가져온 짐들을 옮기기 위해 숙소를 오르내리다 보니 그 나무가 차츰 눈에 들어오기 시작한 것이다. 몸피가 한 아름이나 되는, 나무껍질이 불그죽죽한 나무였다. 그러나 그저 흔한 한 그루 나무이겠거니 하고 별 관심 없이 지나치고 말았다.

석양 무렵, 주변 산책길에 나섰다가 그 나무가 다시 눈에 띄었다. 높이 치솟은 키 때문이었을까. 황톳빛 나무껍질을 따라 윗부분까지 쳐다보게 되었는데 그때야 키가 큰 적송(赤松)임을 알았다. 둥치가 굳건하고 줄기는 구새 먹은 데가 없이 옹골차며 수형은 당당하고 끌밋했다. 쭉 뻗어 오르다가 윗부분에서 약간 굽었는데 대여섯 개의 장솔가지가 춤을 추듯 넉넉하게 펼쳐져 있었다. 모시 진솔을 입고 한껏 멋 부린 한량 같기도 하고, 쾌자 자락 날리며 너울춤을 추는 풍류객 같기도 했다.

나무의 머리 격인 수관은 키가 훤칠한 헌헌장부가 삿갓을 쓰고 있는 형상이었다. 장솔가지들은 서로 적당한 간격과 질서를 유지하고 있으며 솔잎들은 서로 나란히 키를 맞춰 하늘을 향했다. 햇빛을 더 많이 받으려 가지들이 욕심부려 다투었다면 저렇게 정제된 형상을 만들어내지는 못하였으리라. 석양에 젖은 그 장솔가지 사이로 박새 두어 마리 춤을 추며 오르내리는 풍경이 한껏 고졸했다. 한참 동안 눈길을 거둘 수가 없으며 발걸음을 뗄 수가 없었다.

깊은 밤, 그 적송의 수관을 발코니에서 다시 마주하고 있다. 아니, 이쪽과 저쪽의 살피에서 양쪽을 번갈아 보고 있다. 건넌방에 있던 다른 일행들이 이쪽 거실로 모여든 모양이다. 다시 거실은 소란스러워진다. 이쪽은 화사하고 밝은 불빛이지만, 저쪽은 푸르스름하고 적요한 달빛이다. 이쪽은 먹이와 놀이가 흥성하지만, 저쪽은 달빛과 안개에 젖어 있는 가녀스런 침묵이다. 왠지 오늘 밤은 달빛 속의 침묵 쪽으로 마음이 더 쏠린다. 가장 깊은 감정은 침묵 가운데 있질 않던가. 저 깊은 침묵에 들기 위해 적송은 달안개 속에서 얼마만큼 침잠과 혹독한 다스림이 필요했을까. 범접하기 어려운 결곡한 기운이 수관 주위에 감돈다.

어둠에 적응돼 눈이 차츰 밝아 온다. 달빛 속에서 바라본 적송의 수관은 투명하고 침착하다. 땅에서 고개 들어 바라볼 때와는 사뭇 다른 느낌이다. 애오라지 하늘과 땅, 햇살과 산바람이 빚어낸 향맑은 모습이다. 유장하고 가락진 한 편의 시며, 순결하고 웅숭깊은 한 장의 그림이다. 저 자태는 통렬한 설교보다 현자의 전언 같은 무언의 가르침이다. 적송을 눈 속에 넣고 톺아본다. 나는 적송의 수관을 바라보고 있지만 적송의 눈길은 자신의 마음자리와 뿌리를 향하고 있는지도 모른다.

나는 메마른 시멘트 건물의 좁은 발코니에 위태하게 서 있지만, 적송은 땅속에 뿌리를 서려두고 달빛 속에 도저하게 서 있구나. 뿌리는 더 좋은 자리를 찾아 주변을 서성대거나 산짐승처럼 거친 숲을 싸다니며 탐욕을 부리는 것을 원치 않았겠지. 햇빛을 등진 채 땅속의 어둠과 진탕 속에서 땅 위의 것들을 받들고 키우기 위해 밤에도 불면으로 뒤척였을 것이고, 뿌리가 어둠 속에서 겪은 고통의 대가가 저 정정한 형상을 만들어 냈으리라.

육신을 추스르고 속뜰을 맑히기 위해 찾아든다는 산골짝에서 정작 만난 것은 서늘하고도 쨍쨍한 생의 긴장이다. 무엇을 깎아내고 무엇으로 채울 것인가. 하루를 어찌 엮고 일상을 무엇으로 벼리며 생을 어떻게 빗질해야 할 것인지 곰곰 되씹게 한다. 밖으로 한 발짝 내딛지도 안으로 들이밀지도 못하고 발코니에 묵연히 서 있다. 적송과 거실 안과 나 자신을 새삼 번갈아 바라본다. 침묵과 소란스러움, 침잠과 혼란, 투명과 혼탁, 영과 육의 경계에 서 있는 셈이다.

거실에서 왁자한 소리가 잇달아 들려온다. 드디어 의기투합 되었는지 패를 갈라 화투판이 벌어진 모양이다. 빨리 들어와 끼어들지 않고 뭘 하느냐는 독촉이다. 발길이 머뭇거려진다. 난간 밖으로 발길을 옮기자니 턱없는 오만이고, 거실로 들어서자니 오늘따라 왠지 스스럽기만 하다. 어디든 오늘 밤은 잠을 이루기가 쉽지 않을 성싶다. 이쪽과 저쪽의 경계엔 달빛만 겹겹이 쌓여 간다.

상쾌한 덫

 덫이다. 차 문을 여는 순간, 뜻밖에 운전석 창틀과 실내 거울 사이에 거미줄이 눈에 띈다. 주춤 뒤로 물러서며 숨을 들이쉰다. 한 뼘 정도의 다이아몬드 형상으로 아슬아슬하게 매달려 있다. 기억 속의 여느 거미줄보다 촘촘하고 섬세한 그물(網)이다. 바쁜 아침 출근길인데 차 문을 열어놓은 채 무연히 바라보고 있다. 하필 이런 곳에 거미줄을 친 것일까. 다리에 털을 감은 거미에 대한 기억이 되살아난다.
 어릴 적, 거미줄이 싫었다. 산딸기를 찾아 숲 속을 걷다가 거미줄에 얼굴이 휘감길 때는 스치는 뱀을 볼 때처럼 소름이 돋았다. 뒤란 음음한 대숲에서 잠자리를 잡다가 거미줄 한가운데서 이쪽을 노려보는 까만 거미를 보는 순간 잔뜩 긴장하곤 했다. 어둑한 뒷간에 들어가다가 몸에 감겨오는 거미줄에 놀라 질겁하기도 했다. 게다가 세월 따라 거미줄은 그에 못지않은 그악한 세상살이의 거미줄과 겹쳐져 늘 덫으로만 여겨졌다.

먹이가 파닥거리다 힘이 빠지면 독침을 놓는, 아무런 사전 통보도 없이 막무가내로 달려드는, 먹이가 살아 있는 상태에서 진액을 쪽쪽 빨아먹는, 먹잇감을 집요하게 기다리는, 정자집을 흔들어대며 상대에게 교태를 부리는, 먹잇감을 다리로 톡톡 건드리며 희롱하는, 먹이를 유인하기 위해 엉너리치는, 포획 후 상대의 턱을 물어뜯는, 먹이를 보쌈하듯 칭칭 동여매는, 잡은 먹잇감으로 짝의 마음을 후려내는, 죽은 먹잇감을 줄에 매달아 속임수를 쓰는, 간교하고 음흉하며 흉악한…… 이러한 흉계가 어찌 거미뿐이라고 말할 수 있으랴. 사방천지가 거미줄인데.

한데 웬일인지 오늘따라 거미줄이 덫으로만 여겨지지 않는다. 야릇한 기분이 돼 거미줄을 찬찬히 바라본다. 거미줄은 씨줄과 날줄로 짜여 있다. 거미는 오르락내리락 좌우 종횡무진으로 움직이면서 본능에 각인된 설계도대로 포충망을 만들었을 거다. 공중에 쳐놓은 그물, 각진 원을 그리며 퍼져 나간 씨줄 그물에 축대 역할을 하는 날줄을 양쪽에 매달아 기둥 역할을 하고 있다. 섬세하고 정교하다. 그물을 살짝 건드려본다. 끈적인다. 끈적

끈적한 액이 씨줄엔 묻어 있지만 날줄엔 없다. 거미는 그런 날줄만 밟고 다니기 때문에 자신이 친 그물에 걸리지 않으리라.

하나 거미는 아무 데나 거미줄을 치진 않는다. 먹잇감들이 방심할 만한 곳에 그물을 쳐서 부주의를 노린다. 어둑하고 으슥한 곳이나 몸을 숨길만 한 데가 있어야 거미는 그물을 친다. 한데 그런 곳과는 무관한 승용차 안에 무얼 포획하려고 친 그물일까. 어디에 숨어 있는지 거미를 찾을 수가 없다.

어떻게 거미가 차 안으로까지 들어갈 수 있었을까. 외진 구석이나 으슥한 천장에 쳐진 거미줄은 가끔 볼 수 있었지만 차 안이라니 생각할수록 고개가 갸우뚱해진다. 더구나 도회지 아파트에 주차된 승용차 안에 거미가 들 리가 있겠는가. 혹시 나무 그늘 밑에 주차를 하곤 했는데 부주의로 창문을 내려놓고 내린 틈을 타 기어들었을까. 차 안을 다시 기웃거려 본다. 어디에 숨어 있을까. 한 발짝 물러서서 몸을 숙여 거울 뒤쪽과 천장 쪽을 바라본다. 기억에 거미는 그물 한가운데 죽은 듯이 있거나 날줄 끝에 숨어 있었으니까.

아침 햇살에 영롱한 거미줄을 바라보고 있으려니 혼란이 온다. 한 마리일까, 아니면 암수 짝일까. 이맘때쯤이면 곤충들의 짝짓기 활동이 활발하기에 겨울을 앞두고 차 안으로 기어들었을

지도 모를 일이다. 혹시 차 안임에도 그물을 쳐야 하는 생존 본능이 발동한 것일까. 거미의 생존 방식이 궁금해진다. 곤충 대부분은 머리 가슴 배가 있지만 거미는 머리와 배밖에 없어서 날 수조차 없다. 어둠 속에서 그네를 타듯이 공중에서 이리저리 수를 놓으며 촉감만으로 그물을 치는 거미의 모습을 상상해 본다. 그 얼마나 진지하고 경쾌한 모습인가. 이제껏 지녔던 거미에 대한 인식에 혼란이 깊어진다. 숨어서 나를 먹잇감으로 노려보고 있다고 해도 어쩔 수 없는 일이다.

 나도 모르게 마음이 미묘하게 휘둘린다. 섬세하고 영롱한 거미줄이 아침 햇살에 반사되어 찬란하고 함초롬하다. 이제껏 거미에 대한 기억은 피상에 불과한 것은 아닐는지 의구심까지 든다. 거미는 괴괴한 어둠 속에서 저 그물을 쳐놓고 아침을 맞이하였으리다. 미물이지만 그 생존 방식이 예사롭지가 않다. 이처럼 선명하고 섬세하며 정교한 그물을 만나기는 처음이다. 어쩌면 거미는 먹이를 포획하기 위해서만 거미줄을 치지는 않을 것이란 생각이 문득 들기 시작한다. 거미가 정성 들여 그물을 치는 것은 치열한 삶의 자세인지도 모른다.

 차츰 눈에 비친 거미줄이 진지하면서도 상쾌한 느낌으로 다가온다. 이건 유혹의 덫이 아니라 치열한 생존의 아름다움이요 무언가 조용하고 낮은 울림이다. 어둠 속에서 밤새내 그물을 쳤을 생존의 진지한 태도와 섬세한 그 내공이 과연 내게는 있었던가를 곱새겨 본다. 이미 그 치열함은 증발해 버렸고 섬세함은 냉랭하게 박제되어 버린 지 오래지 않은가.

경계해야 할 것은 거미가 쳐놓은 거미줄이 아니라 스스로 내 마음속에 쳐놓은 삿된 그물이다. 정작 걷어내야 할 것은 저 거미줄이 아니라 내 마음속의 얼크러진 그물이다. 바쁜 출근길, 아침 햇살에 빛나는 거미줄 때문에 오늘은 지각할 게 분명하다. 하지만 하루쯤 지각한들 무에 그리 대수이랴. 오늘 아침은 거미줄 덕분에 머릿속이 외려 맑고 서늘하기까지 하다. 아무래도 차 안 어딘가에 있을 거미와 당분간 동승해야겠다.

여여(如如)하니

　우수 경칩이 지나니 바람결이 한결 살갑다. 아지랑이는 혼자 옹알대고 이팝나무 우듬지에는 불그무레한 기운이 우련하다. 머지않아 움이 돋아 싹으로 돌아오리라.
　곡성 구례를 끼고 섬진강 물길을 따라 흐르다 소읍에 이른다. 목적지인 장례식장 안으로 들어선다. 우두커니 서 있던 망자의 아내가 말없이 맞이한다. 웬일인지 빈소엔 영정이 보이지 않는다. 망설이다가 그녀와 묵례로 예를 대신한다.
　귀밑으로 흘러내린 몇 올 살쩍, 검은 상복에 떼꾼한 눈, 굳게 다문 입, 힘을 잔뜩 준 턱뼈 때문에 더 강파르게 보인다. 울음이라도 쏟아놓으면 더 나으련만 그녀는 부르튼 입술을 앙다물고 나목처럼 굳어 있다. 누르고 있는 눈물 속엔 어떤 강물이 흐르고 있는 걸까.

지병이라지만 그는 아직 창창한 세월인데 그예 강을 건너고 말았다. 한쪽에 자리를 잡고 앉으니 장례식장 안은 뜻밖에 가분하고 나른한 기운이 묻어난다. 군데군데 문상객들이 둘러앉아 한가롭게 담소하며 소소한 일상을 풀어내고 있다. 그는 저 세상이 아니라 잠시 봄나들이라도 간 게 아닐까 하는 생뚱맞은 느낌조차 든다. 영정이 없기 때문인가, 아니면 봄이 몰려오고 있어서일까.

입구 쪽에서 한 사내가 영정을 안고 잰걸음으로 들어선다. 들큼한 봄바람 한 자락 뒤따른다. 그러고 보니 황망 중에 사진 마련이 쉽지 않았던 모양이다. 빈소 제자리에 영정이 놓이자 비로소 가벼움이 걷히고 상갓집 모양새가 잡힌다. 하나 문상객들은 영정을 보자 기다리는 사람이 왔다는 듯이 서로 흥겹게 술잔을 권하며 이야기꽃을 피우고 있다.

이젠 영정 속의 그가 문상객들을 지그시 바라보고 있다. 스냅사진을 확대한 모양인데 웃고 있는 그의 표정이 넉넉하다. 영정 안은 적요하지만 그의 얼굴은 외려 평화롭다. 그런 남편의 얼굴을 아내는 묵연히 바라보고 있다. 영정의 안과 밖은 단지 형태가 다를 뿐, 그녀의 경직과 침묵 너머엔 무엇이 기다리고 있는

여여(如如)하니 **73**

것일까.

얽혀 살다가 때가 되면 앞서거니 뒤서거니 본향으로 되돌아가는 게 섭리지만, 대신 그래야 한다면 산 이와 죽은 자 중 누구를 위해 울어야 할까. 죽음은 삶의 이전이지만, 그는 또 다른 넉넉한 평화로 다시 돌아와 있지 않은가. 하나 그녀는 대리석과 진흙으로 빚어진 생과 늘 맞닥뜨려야 하리라.

밖으로 나선다. 봄맞이하기에 참 좋은 날이다. 되돌아 강가를 거슬러 오른다. 잉잉대며 밀려오는 저 문문한 울림, 자드락길 휘휘 돌아 강을 건너오는 봄의 소리다. 아니, 저편 무량한 것들이 되살아 중얼거리며 돌아오는 발걸음 소리다. 매화나무는 어느 모롱이에서 서성대며 꽃망울을 준비하고 있는 걸까. 그리고 그는—.

봄맞이하기에 참 좋은 날이다. 되돌아 강가를 거슬러 오른다. 잉잉대며 밀려오는 저 문문한 울림, 자드락길 휘휘 돌아 강을 건너오는 봄의 소리다. 아니, 저편 무량한 것들이 되살아 중얼거리며 돌아오는 발걸음 소리다. 매화나무는 어느 모롱이에서 서성대며 꽃망울을 준비하고 있는 걸까.

유심(幽深)

"좀 풀어볼까요."

"……무얼 말씀이신가요?"

"무어긴……."

이 무슨 뜬금없는 말씀이신가. 뒷자리에 앉은 L선생은 운전하는 C선생의 뒤통수에 대고 불쑥 말을 뺀다. 하나 어찌 불쑥이랴, 뜸을 들이다가 내놓은 말씀이겠지. 팔순의 노(老)학자 L선생, 무엇을 풀자는 것인지 원. 창밖엔 벚꽃이 하롱하롱 나리고, 저편 산언저리엔 갓맑은 푸름이 치렁한 이 봄철에.

"그리해야지요, 풀릴 일이시라면."

웅숭깊은 여류수필가 C선생, 금세 노학자의 속내를 알아채고 선선히 맞장구를 친다. 직수굿한 C선생의 노래 솜씨를 익히 아는 터, 구성진 가락을 즐기는 노학자는 목적지까지 가며 이 봄을 한껏 풀고 싶은 모양이다. 이젠 뜨겁지도 차갑지도 않은, 그래서 외려 깊어진 마음자리 때문일 게다. 과묵하던 평상시의 태도와는 영 판판이다.

"무덤조차 산뜻해 보인단 말이야, 이런 봄날은."

드디어 속살까지 까내 보이신다. 노학자의 눈길이 창밖 저편에 잠시 머무른다. 푸른 도래솔안에 동실한 봉분이 오도카니 놓여 있다. 하긴 사방천지 봄빛으로 일렁이는데 무덤이라고 어찌 무겁기만 하랴.

"어떤 사연일까요?"

이번엔 C선생의 뜬금없는 말에 노학자는 자리를 고쳐 잡고 안경테를 밀어 올린다.

"글쎄……."

말끝을 흐린다. 봄은 온갖 것들을 불러들여 오만가지 생각을 하게 하는 철인가. 무덤이라고 어찌 꼭 밖에만 있으랴. 춘흥에 젖은 노학자의 심기를 괜히 흔든 것은 아닌지, 일순 걱정이 스친다. 그러나 기우, 이미 춘기에 젖은 노학자는 금세 낙낙한 표정으로 되돌아온다.

기실 노학자의 가슴에도 봉분 하나 쌓아놓고 살아온 것일까.

하긴 가슴에 무덤 하나 없는 사람이 세상에 어디 있으랴. 맷돌로 꾹꾹 눌러두고 살아온 무덤 하나 봄을 맞아 죽순처럼 우꾼하게 일어선 거겠지. 어찌 노학자의 가슴뿐이랴.

C선생이 목울대를 가다듬자 노학자의 눈빛에 아련함이 동동 뜬다. 노랫가락에서 묻어둔 사연이라도 더듬으려는 심산일까. 생의 굽이마다 쟁여둔 사연을 노랫가락으로 풀어보고 싶은지도 모른다.

맞장구 놓는 C선생의 가슴인들 어찌 무덤덤할 수 있으랴. 모진 세월 속에 맞이하고 흘려보낸 숱한 그 봄이 또 돌아왔는데 말이다. 곤곤한 세월, 가끔 뒤돌아서 가슴 치며 눈물 누르곤 하던 C선생이 아니던가. 끝없이 흐르는 봄, 서녘을 물들이는 노을을 바라보며 속이 어찌 치렁대지 않으랴.

"늙판의 봄은 서글프단 말이야, 저 푸른 기운이……."

무덤조차 산뜻하다더니 또 이 무슨 말씀이신가. 봄은 들뜸과 비애가 버무려진 혼돈의 계절인가 보다. 봄빛이 새삼 이윽하게 보이는 것은 쇠락해 가는 징후라고 하지 않던가. 하나 그 쇠락은 외려 궁극에 이르러서는 넉넉함과 초탈을 불러오리라. 목적지까지 가려면 남은 시간은 한 시간여, 눌러둔 사연을 풀기엔 아무래도 노랫가락이 제격이다.

'연~분~홍 치~마가 봄~바~람에 휘날~리~드~라……'

그예 C선생이 유장한 노랫가락을 뽑아내자, 노학자는 눈을 지그시 감고 무릎에 손장단을 치기 시작한다. C선생이 몇 곡을 거푸 뽑자 노학자는 더욱 흥이 일어 이번엔 당신이 노래 앞자락을 잡는다.

"산~홍~아 너~만 가~고 나~만 혼~자 버릴~소~냐……."

아니 누굴 애타게 찾으시는가. 그 가슴속에 정녕 누가 묻혀 있단 말인가. 노학자의 노랫가락에 C선생도 손가락으로 운전대를 토닥이며 박자를 맞춘다. 오르고 내리며 휘늘어진 가락을 뽑는 노학자, 몸은 여기에 있지만 속뜰은 저 구름밭치 너머 하늘가를 맴돌고 있는 걸까. 늘그막은 옛 그늘에서 산다지만, 삶의 또 다른 페이지를 준비하는 여정도 되겠지.

차는 굽이굽이 모롱이를 에돌고 노래 고개는 거푸거푸 오르내리며 이어간다. 귀치례만 하다가 동승한 객까지 가락에 뛰어든다. 이제 세 사람은 누구랄 것도 없이 노래의 첫 소절을 서로 번갈아 잡는다. 끊이지 않고 이어지는 길과 세월처럼.

"운~다~고 옛~사~랑~이 오리~오~마~는……."

울며 보챈다고 가버린 사랑과 세월이 어찌 오겠는가. 설렘과 그리움의 봄이지만 설움과 회한의 봄이기도 하다. 봄의 하루해가 짧을지라도, 이 감미한 비애와 애틋한 도취를 어찌 모른 체 보내랴. 꽃, 푸름, 무덤, 옛사랑, 노랫가락 속에서 봄날 하루는 모든 것으로부터 홀가분한 씻김이 되기도 하리라. 가락진 노랫가락은 더욱 익어 가고 서녘 하늘은 갈수록 붉디붉어만 간다.

징검다리에 대한 상념

안개 낀 낯선 거리를 걷고 있었다. 저편 건물에 층층이 내걸린 간판들이 눈에 들어왔다. 대낮이건만 찾으려는 간판 이름은 자욱한 안개에 가려 읽어낼 수가 없었다. 그쪽으로 재우쳐 걷다가 한쪽 다리가 휘청하더니 그만 허방다리에 빠지고 말았다.

캄캄한 수렁이었다. 활개를 저으며 발버둥쳤으나 벗어날 수가 없었다. 바리작거리다가 깨어나니 땀이 등에 젖어 있었다. 꿈결의 갈피를 되작거려 보았지만 간판 이름은 안개에 묻혀 가뭇없이 사라져 버렸다. 아쉬움과 무력감이 밀려왔다. 주위를 찬찬히 살피며 발걸음을 조심했더라면 그런 낭패를 겪지 않았을 텐데.

허방다리에 빠지는 일이 꿈속뿐이겠는가. 대낮에도 갈팡질팡하다가 헛발을 짚는 때가 빈번하다. 어찌 발걸음뿐이랴. 어디가 마른자리고 진자리인지, 가야 할 길인지 말아야 할 길인지를 분별하지 못하는 경우가 한두 번이 아니다. 게다가 변통머리가 서툴고 마음자리가 엽렵하지 못해 곤경에 놓이면 우두망찰하기 일쑤다. 세상사에 날렵하게 움직이며 탈 없이 잘도 걷는 사람들을 보면 부럽기만 하다. 하여 이즘은 앞길에 징검다리라도 있으면 딱 좋겠다 싶다.

유년의 그 징검다리, 학교가 파하고 집으로 가는 길목에 개울을 가로지르는 징검다리가 처음 놓였다. 그전엔 개울 저편으로 에돌아 다녀야 했는데 막상 징검다리 앞에 서니 관자놀이가 사뭇 놀뛰었다. 가슴이 콩닥거렸으며 발을 헛디뎌 개울에 빠지면 어쩌나 싶은 조바심이 발목을 붙들었다. 하나 차츰 신발을 벗지 않고도 너끈히 건널 수가 있었고, 물살 위로 징검다리를 건너뛰는 재미 또한 그만이었다. 때론 징검다리 중간쯤에 쪼그려 앉아 흰여울 속을 들여다보기도 했다. 물에 반쯤 잠긴 디딤돌 주변에는 피라미 떼가 맴돌고, 운 좋은 날은 모래무지나 암청색 가로띠가 있는 갈겨니를 만날 때도 있었다.

차를 몰고 한적한 근교로 향한다. 오늘도 세상눈이 어두워 헛발을 짚고 나니 열패감이 든다. 징검다리가 없더라도 무사히 건널 수 있다면 얼마나 좋으랴. 스스러운 마음을 다독일 겸 징검다리를 찾아 나서는 길이다. 미루나무 잎이 바람에 팔랑대고 구름발치에 먹장구름이 무겁게 흐르더니, 그예 작달비가 쏟아진다. 빗길을 한 마장쯤 달리다가 소읍(小邑) 들머리에 차를 세운다. 차 지붕을 요란하게 두드려대는 빗방울소리가 그날의 양철지붕을 불러들였기 때문이다.

어릴 적, 여름방학이 되면 남해 바닷가에 있는 외삼촌댁에 놀러 가곤 했다. 무엇보다 외삼촌을 따라 갯가에서 낚시하는 재미 때문이었지 싶다. 외삼촌은 다감한 목소리로 낚시 이야기를 재미나게 들려주곤 했다. 한데 그해에는 장마철이어서 뙤창으로 비 오는 바깥 풍경을 바라보며 지내야만 했다. 집은 빛바랜 양철지붕이었는데 지붕이 샜던지 툇마루로 빗물이 뚝뚝 떨어졌다. 외삼촌은 천장을 올려다보더니 무어라 중얼거리며 밖으로 나갔다.

심심했던 터라 외삼촌을 따라나섰다. 외삼촌은 창고로 가더니 양철 조각을 들고 나와 내게 들고 있으라고 하였다. 그리고는 사다리를 가져다가 처마에 걸쳐 놓고 양철 조각을 받아들더니 지붕 위로 올라갔다. 외삼촌의 다른 손에는 망치와 못이 들려 있었다. 외삼촌은 빗물이 새는 곳을 찾아 조심스레 발을 내딛었다. 나는 외삼촌을 불안한 눈빛으로 올려다보고 있었다. 비에 젖은 외삼촌은 걷기를 멈추더니 아래에 있는 어린 조카를 향해 큰 소리로 말했다.

"조심해야 한단다, 지붕 위를 걸을 때는. 못 박힌 데를 살펴서 살살 밟고 다녀야 안전한 법이지. 그 밑에는 통나무 받침이 있거든. 그게 사람의 무게를 받쳐주는 거야. 아무 데나 함부로 밟고 다니다간 낭패를 당하는 수가 있단 말이야."

외삼촌은 비가 스며들 만한 데를 찾아 양철 조각을 덧대고 망치로 못을 여러 차례 쾅쾅 내리박았다.

차 지붕을 두드리던 빗발이 성기어진다. 설핏하던 바깥 풍경이 차츰 눈에 들기 시작한다. 읍 들머리 왼편, 야트막한 언덕바지에 자리한 적색 벽돌집이 눈에 들어온다. 종루 위에는 십자나무가 세워져 있다. 그 앞에서 내려 머뭇대다가 문을 밀고 들어선다. 긴 나무의자가 나란히 놓인 내부는 아늑하고 적요하다. 아무도 없다 여겼는데 그런 것만은 아니다. 정면엔 갈비뼈를 앙상하게 드러낸 채 한 사내가 십자나무에 못 박혀 매달려 있다. 양팔과 발, 못 박힌 세 곳의 상처가 선명하게 돋아 올라온다.

그 상처를 징검다리 삼고 살아가는 사람들의 흔적이 눈에 띈다. 그 무량한 흔적들을 묵연히 바라보다가 문을 밀고 밖으로 나온다. 징검다리는 개울에만 있는 것은 아닌 모양이다. 안으로 들어설 때보다 발걸음이 조금 더 가볍다. 하나 그때 외삼촌의 나이보다 더 많은 세월을 살아왔지만 발길이 서툴기는 여전히 마찬가지다. 양철지붕 위에서 외치던 외삼촌의 목소리가 아직도 빈약한 내 발목을 휩싸고 돈다.

  머츰하던 빗발이 다시 듣기 시작한다. 비가 오락가락하더니 장마가 진 모양이다. 차 지붕을 두드리는 빗소리에 귓바퀴를 바싹 세우며, 정작 무엇을 징검다리 삼고 살아야 할까 새삼 옴씹는다. 생각할수록 아직도 징검다리 타령이나 하고 있는 스스로가 짓쩍기만 하다. 그러나 어쩌랴, 됨됨이가 늦돼서 그런 것을.

내려놓기

산행을 마치고 내려오는 산촌 길목에 감나무가 지천이다. 늦가을 반물색 하늘 아래 주황색 감들이 주렁주렁 사태를 이루고 있다. 저 과물들을 빚기 위해 감나무는 봄의 진통과 여름의 힘겨움을 견뎌냈으리라. 모든 게 멸렬하는 계절에 과물만 황금 빛깔로 빛난다.

하나 과물들의 무게로 가지들이 찢어질 듯 위태하다. 거친 바람이라도 휘몰아 오면 가지는 과물들을 껴안을 걱정에 얼마나 안달을 할까. 가지로선 예기치 못한 뒤늦은 걱정이리라. 비바람을 견뎌내며 키워 온 결실인데 낙과되면 어쩌나, 애를 태우며 가슴을 졸이고 있을 터이다. 탈 없이 과물들을 내려놓아야 편히 숨을 쉬고 허리를 펼 수 있을 텐데 말이다. 과물들을 붙잡고 있는 가지들을 바라보노라니 충만함보다는 안타까움으로 발걸음이 떨어지지 않는다. 감나무 곁으로 다가가 둥치를 쓸어 본다. 발밑을 보니 잎들이 떨어져 땅에 수북하다. 과물에 자리를 내주고 스스로 떨어져 간 게다. 순리에 따라 물러나야 할 때를 알고 미련 없이 떨어져 나가는 모습, 참으로 아름답지 아니한가.

　감나무와 묵언 작별을 하고 산 아래 마을로 내려온다. 저편에 있는 귀가 버스를 향해 몇 발짝 걷다가 걸음을 멈춘다. 이순도 넘어섰을 늙수한 분이 자루 하나를 들쳐 매고 동네 민가에서 나오다가 일행에게 도움을 청한다. 자루는 감이 가득하다 못해 미어터질 지경이다. 거들다 보니 두 사람이 함께 들어도 버거운 무게다. 그런데도 노인네는 무엇이 그리 마뜩한지 연방 싱글벙글하며 횡재한 표정이다. 버스 밑 짐칸에 자루를 넣고 나서야 손바닥을 털며 '거참, 무겁기도 하네.' 한다. 욕심도 참 많으시지, 한가득 자루에 담긴 저 감들을 언제 다 먹겠다는 것인지 원.

　내려놓으면 저리 가벼운 것을. 이제 내려놓아야 할 것들이 한둘이 아닐 텐데 아직도 붙들고 싶은 것이 많은 모양이다. 노년에 들어섰음에도 필요 이상으로 욕심을 부리는 것을 노추라 하던가. 내려놓아야 할 시기에 집착하는 일은 분명히 탐착이다. 탐착은 또 다른 탐욕을 불러오고, 그 탐욕은 심중을 어지럽고 무겹게 하며, 그 무거움은 맑은 걸음걸이의 행보를 아둔하게 하거나 방해할 게 자명한 일이 아니랴.

버스에 오른다. 산행으로 뻐근한 몸을 의자에 내려놓고 점점 멀어지는 감나무를 바라보며 이즘 마음을 무겁게 하는 것들이 무엇인지를 골똘히 생각해 본다. 몸뚱이가 휘도록 힘겹게 감을 매달고 있는 가지, 제 있던 자리를 미련 없이 내어 주고 또 다른 생을 준비하는 낙엽이 갈마든다. 거추장스러운 생의 세목들과 필요 이상의 무게는 마음자리를 흐리게 하고 눈빛을 무디게 한다. 맑은 생이란 불필요한 것들을 차츰 내려놓는 연습이라는 어느 선승의 말이 떠올라 새삼 고개가 끄덕여진다. 절집 수행이나 세속의 세상살이가 결국 집착과 욕심을 내려놓는 연습이 아니겠는가. 들고 있던 것을 내려놓고, 붙잡고 있던 것을 놓고 가기 위한 연습 말이다.

달리는 버스가 흔들릴 때마다 오른쪽 어깨가 욱신거린다. 몇 달 전부터 시작된 어깨 통증으로 이즘 시달리고 있다. 심할 때는 아픈 쪽으로 누울 수도 팔을 제대로 쓸 수도 없으며 찌르는 듯한 통증 때문에 밤잠을 설치곤 했다. 그럴 때마다 육신뿐만 아니라 심중까지도 어지럽게 뒤흔들었다. 주변 사람들이 오십견이라며 알은체를 해 병원에 가서 진찰을 받아보니 이른바 '석회화 건염'이라는 처음 들어본 병명이었다. 무거운 물건을 많이 들어 무리하면 어깨 관절에 석회질이 쌓여 심한 통증을 일으키는 병이란다. 치료는 관절 내시경을 통해 주사로 석회를 뽑아내거나 충격파로 석회질 자체를 부수어 치료해야 한단다. 주사나 시술이 싫어서 견뎌볼 요량으로 약물과 운동요법을 써보았지만 통증이 쉽사리 가시질 않았다.

 통증으로 잠 못 이루는 밤이면 이런저런 생각들이 꼬리를 문다. 마음의 탐착을 눈치 챈 육신이 이제 반응하는 것이 아닌지 하는 생각이 들기도 한다. 팔로 무엇을 많이 든다는 것은 많이 소유한, 또는 소유하려는 결과물 바로 그것일 터이다. 좁은 길을 달리는 버스가 자꾸 흔들린다. 그때마다 야금야금 파고드는 통증, 이제 더 이상 망설이지 않으리라. 마음 다잡아 탐욕을 내려놓듯이 병원에 가서 아예 석회질을 부수어 없애든지 주사로 뽑아내고 말리라.

 버스가 아침 출발 장소에 도착했다. 차에서 내려 인사를 나누고 각자 집으로 돌아갈 태세다. 한데 어느 틈에 내렸는지 감 자루 주인은 산길에 동행한 사람들을 불러들인다. 버스 짐칸에서 꺼낸 커다란 감 자루를 풀더니 언제 준비했는지 비닐봉지를 꺼내어 여남은 일행에게 감 한 봉지씩 손에 들려준다. 감 나누기가 끝나자 푹 꺼진 자루를 마무리하고 노인네는 손뼉을 치더니 늡늡하게 한 마디 건넨다.

"감이 하도 맛있게 보여 한 자루 챙겼지요. 집에 가서 식구들이랑 맛있게 나눠 드세요. 혼자 먹지 말고……. 허허허."

낑낑대며 자루를 매고 나올 때 욕심 많은 노인네라고 물색없이 눈을 흘겼던 난 그만 낯이 뜨겁다. 탐욕을 부려 어깨 통증을 불러들인 게 정작 누구였던가를 생각하니 짓쩍어 고개를 들 수가 없다. 노인네는 감을 나누면서도 가볍게 손뼉은 치는데 난 이리 병원 신세를 지며 아직도 어깨 통증과 씨름하고 있으니 무슨 할 말이 있겠는가. '그것'만 내려놓으면 편해진다는 선승의 말처럼 이제부터라도 내려놓는 연습을 마음먹고 해볼 요량이다.

빗장 풀기

 잊힌 게 아니었다. 의식이 꿈틀대기 시작했다. 40여 년이 지났는데 상처가 다시 도진 것일까. 동창 모임 참석을 채근하는 친구와 마주앉게 되었다. 서로 연락이 닿지 않아 모르고 지냈는데 그들은 어느 때부턴가 정기적으로 모인 모양이었다. 그들 중에 그의 이름이 섞여 있었다. 순간, 전깃줄에 앉아 있던 수많은 참새 떼가 한꺼번에 날아오르는 것처럼 머릿속이 헝클어지며 그 사이로 그의 얼굴이 서서히 떠올랐다.
 중학생치고 그의 주먹은 유별나고 머리 또한 수박만큼 컸다. 빵 공장 사장을 아버지로 둔 그는 키가 크고 행동거지까지 거칠었다. 반장이어서 아이들 위에 군림하는 것은 그렇다 치더라도 담임선생조차 그의 웬만한 횡포는 못 본 체하거나 묵인하곤 했다. 급우들은 그의 폭력과 횡포에 속수무책이었으며 고분고분 비위를 맞추거나 슬슬 피하는 게 고작이었다.

한데 체구조차 왜소했던 난 겁도 없이 그에게 순순하지 않았다. 그의 비위를 살갑게 맞추지 못했다고 할까. 숙제를 대신 해 달라는 것을 미룬다든가, 교내백일장 때 쓴 글을 바꾸자는데 선뜻 응답을 안 한다든가, 매점으로 심부름을 시켜도 미적거리곤 했다. 그게 화근이라면 화근이었다. 시험을 치르고 나서 자기보다 성적이 좋을 때 그의 횡포는 여지없이 드러났다. 언젠가는 내가 아끼던, 당시엔 귀하던 볼펜을 달라고 해 머뭇거렸더니 다짜고짜 밀치는 바람에 넘어져 팔목에 금이 간 적도 있었다. 심지어 다른 아이들을 동원하여 요샛말로 왕따까지 시키곤 했다.

그와 같은 반이었던 중학교 3학년 한해는 학교 가는 일은 고통의 연속이었다. 그가 보기 싫어 핑계를 대고 조퇴를 하거나, 심지어는 담임선생에게 거짓말까지 해대며 학교에 가지 않고 며칠씩 그를 피하기도 했다. 그러나 계속 피할 수만은 없어서 결국 그의 요구를 들어줄 수밖에 다른 방도가 없었다. 한데도 날이 갈수록 괴롭힘은 그치질 않았다. 그때마다 모멸감으로 견딜 수가 없었다. 하지만 보복이 두려워 주변에 알릴 엄두도 내지 못했다.

그랬던 그가 동창 모임에 나오고 있다 한다. 다른 친구들로부터 자꾸 연락이 왔지만 그가 보기 싫어 내 마음은 문을 걸어 잠그고 들앉아 버렸다. 피하고 싶었다. 다시 기억을 떠올려 상처를 들쑤시는 일은 고통을 불러들일 것 같아 그를 피하고 싶었다. 보지 않으면 과거의 기억에서 벗어날 것으로 여겼다. 하지만 생각처럼 그리되질 않았다.

외려 날이 지날수록 그의 얼굴이 그림자처럼 따라다녔다. 두통이 일고 잠을 설치며 새롭게 일어나는 감정을 피할 수가 없었다. 덧난 상처에 소금을 문지르는 격이었다. 감정을 제대로 다스리지 못하니 갈수록 새로운 분노가 나를 지배했다. 그렇다고 감정이 내 삶을 지배하도록 내버려둘 수는 없는 일이 아닌가. 대면하기로 하자. 차라리 옛 상처를 드러내서 다독이거나 지우면 될 것이 아니겠는가. 마음 다잡고 모임 날을 기다렸다. 만나고 나면 세월의 힘을 빌려 털어버릴 수도 있으리라는 일말의 기대도 있었기 때문이었다.

그는 처음 나를 알아보지를 못했다. 세월이 그에게만은 특별히 관대했단 말인가. 옆 친구가 거들자 그때야 어색한 표정으로 여전히 큰 손을 내밀며 악수를 청했다. 강산도 변하게 하는 게 세월이라는데 변한 구석이라고는 흰 머리카락뿐, 그는 표정도 말투도 예전 그대로였다. 실은 내심 난 그가 변해 있기를 바랐는지도 모른다.

감정이 조금은 사그라지리라 기대했는데 결과는 마찬가지였다. 아무렇지도 않은 그의 표정이 감정을 새롭게 들쑤셨다. 어쩌면 그는 말끔히 잊고 있는지도 몰랐다. 그와 헤어지고 나서 며칠이 지나도 감정이 수습되지 않았다. 고심한 나머지 차라리 그 상처 자국을 있는 그대로 순순히 받아들여야겠다는 생각이 비로소 들었다. 치유해야 할 상처들이 무엇인지 분명히 알기 위해서였다. 그가 변하지 않았다고 더 미워할 일이 아니었다. 그가 변했기를 바랐던 것은 어리석은 기대였다.

무뜩 용서라는 말이 떠올랐다. 아니 그를 마음에서 놓아줄 수밖에 없었다. 그를 어찌하면 놓아줄 수 있을까. 용서하는 것, 그것만이 그를 놓아주는 유일한 방법이었다. 울타리를 친 감옥에서 탈출할 수 있는 길은 스스로 찾을 수밖에 없었다. 용서를 시작할 수 있는 사람은 나 자신이며, 상처의 치유는 스스로 드러내 해결해야 할 문제라고 여겼다. 용서는 그보다 나 자신을 위한 것이기 때문이다. 분노로 인해 대가를 치러야 하는 사람은 그가 아니라 결국 나였다. 용서하지 않으면 그 자리에 발이 묶이게 되고 상처에 매달릴 수밖에 없으며 나 자신을 영원히 피해 자로 만드는 일이었다.

사람들은 누구나 상처를 주고받으며 살아가지 않던가. 나 또한 알게 모르게 남에게 숱한 상처를 주며 살아왔지 않겠는가. 살아가며 주고받는 상처에 무관한 사람이 어디 있겠는가. 상처를 치유하기 위해서는 먼저 자신을 용서해야 한다. 차라리 그를 미워하기 전에 먼저 나 자신을 용서해야 하는지도 모른다.

그와 나는 시방 생(生)의 한가운데 서 있다. 미움이 삶을 관통하는 것을 내버려둔 채 평생을 살아간다면 그 얼마나 큰 고통이랴. 용서하지 않을 때 스스로 고통의 올무를 쓰고 노예가 될 뿐이다. 상처는 평강을 무너뜨린다. 행복하려면 상처가 치유되어야 한다. 그 상처를 더 이상 붙들지 말자. 이제 가슴 열고 증오가 흘러가도록 풀어놓자. 그도 나도 이제 머리에 서리가 하얗게 앉았다. 늦었지만 이제라도 다시 만나 옹이진 매듭을 풀어 버릴 수 있는 기회가 온 것이 그나마 다행이지 싶다. 쉬운 일은 아니었지만, 비로소 40여 년이 지나서야 그에 대한 증오로부터 차츰 놓여나며 조금씩 감정이 풀어지기 시작했다. 어쩌면 그를 다시 만난 것은 잘한 일이지 싶다. 스스로 푼 빗장, 이제 마음이 한결 부드러워지고 평안해진다.

40여 년의 세월이 지나서야 증오가 아련한 기억으로 되돌아는 것인가. 아니면 미움이 마침내 연민으로 바뀐 걸까. 흰머리가 유난히 많다며 동창들이 놀리던 그의 큰 머리통이 떠오른다. 어쩌면 그렇게 막무가내이던 놈이 그까짓 흰머리 하나쯤 패대기쳐 버리지 못했을까. 세월 따라 살다보면 미구에 우리는 과연 어디에 누워 있을까.

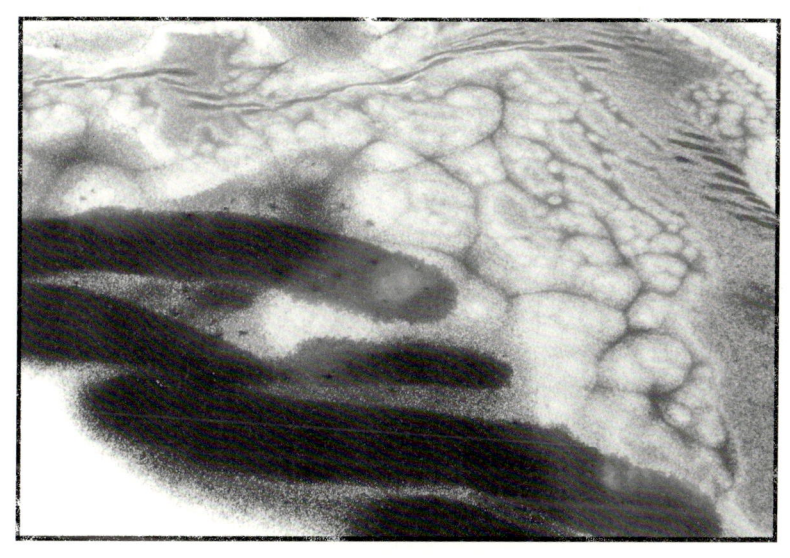

　상처를 치유하기 위해서는 먼저 자신을 용서해야 한다. 차라리 그를 미워하기 전에 먼저 나 자신을 용서해야 하는지도 모른다.
　그와 나는 시방 생(生)의 한가운데 서 있다.

이 또한 지나가리라

　바람 부는 강변, 그곳에 어머니는 서 있었다. 옷고름 나부끼며 강 저편에서 이쪽을 향해 목청껏 외치는데 목소리는 들리지 않았다. 안타까웠다. 몇 해 전, 저세상으로 가신 후 꿈속에서 그처럼 뚜렷한 모습으로 찾아오신 적은 처음이다. 생전에 정성을 다하지 못한 자책으로 늘 마음이 무거웠는데, 자식의 속내를 알아차리신 것일까. 눈을 뜨니 가슴속은 강물 되어 울멍울멍 흐른다.
　창밖은 아침 햇살로 해맑다. 베란다에 있는 나팔꽃이 활짝 피어 있다. 어릴 적 고향집 장독대 곁 대추나무 밑에 어머니가 심어놓았던 나팔꽃이 눈에 선하다. 이즘 장마철이라 볼 수 없었는데 비가 머춤하자 햇살을 받아 활짝 핀 모양이다. 예닐곱 개 청잣빛 꽃송이들이 고개 들어 나발을 불고 있다. 이도 들리지 않는 목소리다. 다행히 울적했던 마음이 차차 가시며 밝아온다.

　차 시동을 걸고 직장을 향해 출발한다. 다른 날보다 좀 늦은 탓에 서두를 수밖에 없다. 울적했던 심사와 밝아진 마음이 번갈아 굽이쳐 잠시 꾸물거렸나 보다. 직장 근처, 정문으로 들어서려고 좌회전을 하는데 앞에서 오는 차가 내 차 꽁무니 쪽을 들이받고 만다. 신호가 떨어지고 나서 좌회전으로 진입했는데, 노란 불이 빨간 불로 바뀌는 그 순간을 놓치지 않으려 직진하다가 내 차를 보고 급정차하는 바람에 밀려 생긴 사고다. 큰 접촉은 아닌지라 서로 몸을 다친 곳은 없었지만, 그래도 잘잘못을 따지며 우격다짐이 일어났다. 그쪽의 능갈치는 말에 난 화가 났다. 하지만 시간은 급하고 괜히 아침부터 드잡이하며 동티를 만들고 싶지 않아 연락처만 건네고 일단 헤어졌다. 오전 내내 관자놀이가 놀뛰고 속이 편치 못했다. 그쪽 책임이 더 크다고 주변 목격자들조차 거들어도 막무가내였기 때문이다.

　구내식당에서 점심을 먹고 난 후 저편을 바라보니 동산에 녹음이 짙다. 벚나무가 우거진 풍경에 눈맛이 소쇄하다. 녹음 밑에 잠시 앉아 있고 싶다. 포만감도 가시게 하고 출근길의 불쾌감도 녹일 겸 숲이 우거진 곳으로 발길을 옮긴다. 녹음 속으로 바람이 스친다. 속이 조금 가라앉는다. 뒤틀린 심사를 녹음이 누그러뜨린 덕분일 게다. 아니, 시간이 흘러서인지도 모르겠다. 나무 그늘에 앉아 눈을 들어 다시 저편 무등산을 바라보니 능선이 아스라하다. 한결 속이 낙낙해지고 겨르롭다.

　오후 일과는 순조롭다. 며칠 전부터 신경 쓰이던 일도 잘 마무리되었다. 오전의 우울함과 불쾌를 잊은 채 흔쾌히 웃기도 하고 유쾌하게 커피도 두 잔째 마셨다. 퇴근 무렵 차 시동을 거는데 손전화가 울린다. 번호를 보니 가까운 친구다. 벌써 모일 날짜가 되었나. 한데 저편에서 들려오는 급한 목소리에 그만 가슴이 쿵 내려앉는다. 어떤 친구의 교통사고 소식이다. 차를 몰고 가다 마주 오던 트럭과 충돌하고 말았단다. 엊그제까지 멀쩡하던 그였는데 이게 무슨 날벼락이란 말인가. 얼마 전 모임에서 소주도 함께 기울였던 그였는데. 그는 차를 몰고 외지로 물건을 납품하러 가다 국도 굽잇길에서 교통사고가 난 모양이다. 목뼈가 어긋나고 머리를 심하게 다쳐 의식 불명 상태라고 한다. 뼈 근하게 통증이 밀려왔다. 그 길로 달려가 보니 중환자실에 모인 가족과 친구들은 아연실색한 표정들이다.

　집으로 돌아오는 깊은 밤, 갓길에 차를 세우고 의자 등받이에 머리를 기댄 채 눈을 감는다. 오늘따라 일상의 바다에서 기쁨과 슬픔이 자맥질하며 여러 감정이 풀썩풀썩 먼지가 일어나듯 기복이 심한 하루였다. 들쭉날쭉한 감정으로 진종일 혼란스러웠다. 하긴 이런 감정 상태가 어찌 오늘 하루뿐이었겠는가.

어찌 기쁨만 있기를 바라랴. 기쁨과 고통이 씨줄과 날줄로 직조된 게 삶이지 않던가. 생이 기쁨뿐이라면 느슨할 것이고, 고통뿐이라면 각다분하고 삭막할 것이다. 기쁨 중에 있다고 자만하거나 흥분해서는 안 될 일이다. 고통 중에 있다고 슬퍼하거나 절망할 일만은 아니다. 고통을 느끼되 고통에 빠지지 말고, 기쁨을 만끽하되 기쁨에만 젖어서는 안 되리라. 기쁨 중에 있을 때 고통을 생각하고, 고통 중에 있을 때 기쁨을 생각할 일이다. 기쁨이 오더라도 고통이 오더라도 담담히 받아들일 수 있다면 얼마나 좋으랴. 생의 바다에서 기쁨과 고통은 늘 파도처럼 너울거릴 테니까.

모든 건 한때다. 기쁨도 고통도 때가 지나면 무디어지고 옅어진다. 온갖 감정은 머물러 있는 게 아니라 시간의 흐름에 따라 변하고 농도가 옅어지지 않던가. 시시각각으로 변하는 감정의 기복에 좌우되지 않는 게 평상심이리라. 하루가 또 저물고 어둠이 깊어 자정을 넘어선다. 밝아올 아침엔 베란다의 청잣빛 나팔꽃을 다시 볼 수 있으면 좋겠다.

해 뜰 참

―하루 1

산자락 밑 산책로, 얼마쯤 걷다가 쉼터에 이르니 앳된 남녀가 마주앉아 말을 주고받고 있다. 휴일 이른 아침이니 게으름을 부리며 늦잠도 자련만 젊은이들치고 부지런도 하다는 생각이 든다. 두 사람 어깨너머엔 들장미 예닐곱 송이가 길섶에 피어 있다. 여자 목소리의 톤이 살짝 들려 있다.

"그니까 꼭 낚시를 가겠다는 거야?"
"따라가자니까, 친구 와이프들도 온대."
"그럼, 저수지에서 결혼기념식을 하자구?"
"내년엔 멋진 곳으로 갈 테니까 이번만 양보해라."
"누구랑 결혼했어, 친구들이야 나야?"
"이번 빠지면 바가지로 욕먹어."

"흥, 친구들한테 욕먹으면 안 되고 나한테는 아무렇지도 않은가 보네?"
"그게 아니라……."
"뭐가 아니야, 벌써 식었나 봐."
"뭐가?"
"몰라, 얼마나 기다렸는데……."

여자는 고개를 숙이고 발밑에 있는 돌멩이만 발로 툭툭 찬다. 산기슭을 한참 바라보고 있던 사내는 일어나더니 여자의 어깨를 툭 치며 한 마디 뱉는다.

"딱, 이번만 양보야!"

여자는 금세 얼굴이 환해지더니 일어나 남자의 팔을 잡고 팔짝팔짝 뛴다. 아마 간밤부터 시작된 실랑이가 아침까지 계속되다가 이 쉼터까지 오게 되었는지도 모른다. 두 사람의 등 뒤엔 아침 햇살을 받은 들장미가 붉디붉다.

한 낮
―하루 2

학교 운동장 가. 왕벚나무 두 그루 사이에서 햇볕만큼이나 쨍쨍한 웃음소리가 발길을 붙잡는다. 자전거를 가지고 온 중년의 부부 한 쌍, 쉬는 날이지만 운동장엔 두 사람뿐이다. 벚나무 가지가지엔 구름 같은 허연 벚꽃이 흐드러지게 피어 있다. 여인은 자전거 위에 앉아서 페달을 밟고 있고 사내는 뒤에서 짐받이를 붙잡고 따른다. 여인이 자전거 연습을 하는데 사내가 돕는 모양이다. 한데 여인은 몇 번 페달을 밟다가 사내가 손을 놓으면 자전거와 함께 옆으로 힘없이 넘어지고 만다.

"……밟아도 자꾸 넘어지네."

"그러니까 중심을 잡고 더 힘차게 페달을 밟아야지!"

사내는 아쉽다는 듯, 넘어진 여인을 부축하여 몇 번이고 일으켜 세운다. 넘어졌어도 깔깔대며 일서서는 여인의 발걸음이 이상하다. 절뚝거린다. 걸음걸이로 보아 어제오늘 다친 것 같지는 않다. 이제야 자전거를 배울 생각이 났던 것일까. 두 사람은 벚꽃 아래에서 넘어지고 일으켜 세우며 자전거 연습을 거듭한다. 다행스러운 일이다. 곁에서 그들을 보고 있으려니 꽃그늘 주변이 더욱 환하다. 여인의 가슴속에도 꽃이 환하게 피어 있을 터이다. 나도 여인처럼 페달을 밟듯 발걸음을 뗀다. 연분홍 꽃잎 한 장 날아와 나풀나풀 길잡이를 한다.

해물녘
—하루 3

    구례 산동 산수유 마을 어느 집 앞. 노란 산수유꽃이 담 너머에서 일렁인다. 낮은 돌각담으로 둘러싸인 집엔 대문일랑은 아예 없다. 발돋움하지 않아도 집안이 훤히 들여다보인다. 발걸음을 낮춰 돌각담 곁으로 다가간다. 늙은 양주만 사는 단출한 집인 모양이다. 안주인은 마당 멍석에 널어놓은 산채를 거두어들이고 있고, 바깥주인은 툇마루에 앉아 마당에 눈길을 두고 있다. 뒷산 솔수펑에서 아까부터 꾸어~엉 꾸~엉 꾸~엉, 장끼가 연방 우꾼하게 목청을 돋운다.

"잘 몰랐는감?"

"……저 작것은 모가지도 안 아플꺼나."

동문서답, 말을 들었는지 못 들었는지 안주인은 노란 꽃그늘 아래에서 고개를 숙이고 응얼응얼 혼잣말하며 계속 손을 놀리고 있다. 바깥주인은 헛기침을 몇 번 하더니 눈을 들어 먼 산을 응시한다. 해넘이를 보고 있는 걸까. 돌아서서 담벼락에 등을 대본다. 돌각담이 등줄기에 대고 무언의 말들을 쏟아낸다. 숱한 신화들이 가슴께로 여울처럼 흘러든다. 바람 한 자락 스쳐 담 모롱이로 사라진다. 산그늘이 어느새 발목을 적시기 시작한다.

안주인은 노란 꽃그늘 아래에서 고개를 숙이고 응얼응얼 혼잣말하며 계속 손을 놀리고 있다. 바깥주인은 헛기침을 몇 번 하더니 눈을 들어 먼 산을 응시한다.

그만 집으로 가야 할 텐데, 이들을 눈여겨보는 맛에 젖어 자리를 뜨지 못하고 있다. 마음 같아서는 그들 사이로 끼어들고 싶지만 곁에서 보는 것만으로도 넉넉하다. 애환을 섞으며 따뜻하게 익어가는 이들 이야말로 생의 무늬를 질박하게 만들어가는 구순한 사람들이 아닌가.

3. 무늬를 짓는 사람들

무늬를 짓는 사람들
마음이란 물건
바람 속에서
눈물 듣기
목선(木船)과 꽃집 남자
그 이름 경배하며
낯선 땅에서 만난 뼈마디
호박잎

무늬를 짓는 사람들

　해질 무렵, 선술집으로 들어선다. 둥근 양철 탁자가 세 개 놓인 조붓한 술청이다. 창가 탁자에 두 사내가 앉아 있다. 옆 탁자에 자리를 잡는다. 서너 시간 산길을 걷고 나니 목이 마르고 배가 허출하다. 주모는 막걸리와 봄철 안주로 제격인 달래무침을 내놓는다.
　옆자리 사내들은 간간 헛기침을 해댄다. 50대 중반의 중씰한 사내들이다. 쑥색 점퍼를 입은 사내는 손목에 찬 시계를 본다. 누굴 기다리는 건가. 그 앞에 앉은 안경 낀 사내는 창밖에 눈길을 던져두고 있다. 길가 은행나무 가지엔 움이 파랗게 돋고 있다. 두 사내는 눈길이 마주치더니 각자 술잔을 든다. 나도 그들을 따라 한 잔 쭉 들이켠다.

"석구, 이 사람 왜 이리 늦어?"

"제때 퇴근이나 하겠어."

"자네 아들놈 소식은?"

"어디 그리 쉬운가."

"하긴 졸업하고 바로 취직되면 애들 말로 대박이지."

"돈 구하러 다니던데, 석구 딸내미 혼사 준비는 잘 된다든가."

"보증 건과 겹쳐 집 저당 잡힌 모양이더라고."

누군 취직이 안 되고, 누군 보증 문제와 딸내미 혼사로 걱정인 모양이다. 점퍼 사내가 창밖을 기웃거리며 시계를 또 들여다본다. 안경 사내가 다시 술잔을 든다. 점퍼 사내는 안경 사내를 바라보며 걱정스럽게 말을 꺼낸다.

"조금씩만 마셔. 그러다가 술 중독되면 어떡하려고 그래."

"허, 중독 아닌 게 어디 있나. 사는 일이 다 중독이지 뭐."

그렇겠지. 어디 술 담배나 약물만 중독인가. 숨 쉬는 일도, 밥 먹고 자는 일도, 탐착과 욕정도, 남을 돕거나 속이는 일도, 미워하고 사랑하는 일도, 살아가는 게 모두 중독인 게지. 중독인 줄도 모르고 반복하며 사는 게 우리 삶이지 않은가. 이번엔 안경 사내가 점퍼 사내에게 되묻는다.

"근데 자네 임플란트를 또 해야 한다며. 돈 많이 들지?"

"웬걸, 있는 이빨조차 빼서 팔아야 둘째 놈 대학 등록금 내게 생겼어."

안경 사내는 또 술을 들이켠다. 그때 문이 열리고 마른 얼굴에 군청색 넥타이를 맨 사내가 들어선다. 기다리던 석구 씨인가.

"늦었구먼, 앉아."

"미안, 월말 실적 때문에 눈치보다 그렇게 됐어."

"괜찮아, 난 이미 교대했고 이 사람은 늘 시간밖에 없는데 뭘."

안경 사내가 점퍼 사내의 말을 이어 석구 씨에게 나직이 묻는다.

"한잔 받아, 딸내미 혼사 며칠 안 남았지? 근데 전번 빚보증 건은 어찌 잘 해결되었는가?"

"……."

석구 씨는 안경 사내가 따라준 막걸리를 말없이 단숨에 들이켠다. 안경 사내는 잠자코 석구 씨 잔을 다시 채운다. 사는 일이란 근심과 함께 한다지만, 빚 얻어 딸년 혼사까지 치러야 할 형편이라니 석구 씨 어깨가 참 무겁겠다.

"갈수록 어려워. 보험사 때려치우고 자네처럼 택시 운전이나 할까 봐."

석구 씨가 푸념처럼 말을 빼자 점퍼 사내는 정색을 하며
"팔자 좋은 소리, 그래도 견뎌. 나처럼 장사하다가 망해 택시 몰며 날마다 사납금 맞추기가 어디 쉬운 줄 알아?"
안경 사내도 덩달아 박자를 맞추며 거든다.
"나 보게, 직장에서 밀려나 빈둥대는 거 안 보여? 잔말 말고 비 온 뒤 땅바닥에 찰싹 붙어 있는 마른 나뭇잎처럼 끝까지 버텨."
세 사내는 잔을 부딪치며 술을 들이켠 후 달래무침을 안주로 씹는다. 나도 다시 잔을 채워서 들이켠다. 석구 씨가 술을 더 달라 재우치자 주모는 봄동 겉절이와 막걸리 세 병을 탁자에 놓고 나서 전등을 켠다. 금세 술청이 환해진다.
"내가 살 테여. 주모, 여기 오징어무침 한 접시! 오늘 운 좋게 시외를 두 번이나 뛰었어."
점퍼 사내가 호기롭게 술값 말을 꺼낸다.
"아니야, 오늘은 내가 낼 게. 첫 월급 탔다며 며칠 전 딸내미한테 용돈을 받았거든."
안경 사내가 일어서서 성마르게 지갑을 꺼내 까 보인다.
"거참 이거 왜들 이래, 술맛 떨어지게. 그래도 꼬박꼬박 월급 받는 분이 누구신데 이러시나. 사납금 때문에 늘 쩔쩔매고 날마

다 오갈 데 없어 빌빌대는 실업자 주제에. 잔말 말고 잔 앞으로 들어. 자, 내일을 위하여!"

　석구 씨는 손사래를 치며 몇 잔에 불콰해진 얼굴로 목청을 높이며 건배를 제의한다. '내일'을 위하여! 그래 맞아, 내일에 속을지언정 맵짠 일상을 잘들 이겨내고 있구나. 사는 일은 향락이 아니라 노역 쪽에 가깝지만, 내일은 오늘보다 나을 것으로 믿기에 날마다 치유되고 거듭나며 견디는 것이리라. 각다분한 현실일망정 너끈히 견딜 줄 알며 서로 어깨 기대고 살아가는 사람들이 아닌가. 나도 덩달아 이들과 눈빛으로 건배하며 석 잔째 막걸리를 들이마신다. 한 잔이 이들과 더불어 석 잔이 된 셈이다.

　문득 <술값>이라는 어느 시인의 시 한 구절이 머릿속에 떠오른다. '말 많이 하고 술값 낸 날은 잘난 척한 날이라는데, 이들은 모두 말을 많이 하고 다투어 술값을 내려고 하니 잘난 척한 셈이란 말인가. 아니다. 가년스러운 형편들이지만 이들은 잘난 척이 아니라 정말 잘난 사람들인지도 모른다. 세 사내는 의기투합이나 한 것처럼 좀 전의 무거움에서 벗어나 술잔을 권하고 말끝마다 웃음이 쏟아져 술청이 왁자하다.

　그만 집으로 가야 할 텐데, 이들을 눈여겨보는 맛에 젖어 자리를 뜨지 못하고 있다. 마음 같아서는 그들 사이로 끼어들고 싶지만 곁에서 보는 것만으로도 넉넉하다. 애환을 섞으며 따뜻하게 익어가는 이들이야말로 생의 무늬를 질박하게 만들어가는 구순한 사람들이 아닌가. 이들과 함께 있다는 생각에 가슴 저편에서 올라오는 다순 기운으로 시방 느껍기만 하다.

마음이란 물건

 해저물녘, 근교 소읍(小邑)을 다녀오던 길이다. 양손에 보퉁이를 든 삼십 중반의 여인이 간이 정류장에서 손을 든다. 마을버스를 기다리다 지친 모양이다. 물으니 대처로 가는 같은 방향, 삼십여 분 달리면 목적지에 도착할 수 있겠다 싶다. 두어 개 보퉁이를 뒷자리에 밀어 넣다 보니 여인은 옆 조수석에 앉게 된다.
 상냥한 말투의 여인은 고마움을 여러 마디로 건넨다. 굽잇길에 접어들어 안전벨트 매기를 권하는데, 파리 한 마리가 날더니 여인의 머리 위에 앉는다. 소읍에서 창문을 잠깐 열어둔 그 새에 날아든 모양이다. 두 사람과 파리 한 마리, 게다가 십여 분 달리다 보니 어둑발까지 차에 오르기 시작한다.

어둠 전에 도착하고 싶은데, 어둑하고 구불구불한 도로인지라 속력을 낼 수가 없다. 한데 파리가 여인의 코앞에서 자꾸 알짱거린다. 창문을 내리고 쫓으려 하니 뒷자리로 냉큼 도망 쳐버린다. 한 손으로 휘저어 보았지만 파리는 요리조리 피할 뿐 효과가 없다.

처음과는 달리 여인은 차츰 말수가 줄어들더니, 이십여 분쯤 달리자 아예 말문을 닫는다. 슬쩍 훔쳐보니 꽉 문 입초리, 얼굴빛이 굳어 있다. 무언가 마음에 걸려 잡음이 끼어든 건가. 파리는 또 제멋대로 이리저리 맴돌기를 멈추지 않는다. 여인은 손을 들어 파리를 쫓는데 몸을 잔뜩 웅크린 채다. 의식은 빠른 속도로 움직이고 거기에 몸이 끌려간 것이리라.

순간 머릿속에 한 생각이 스친다. 어쩌면 파리 때문만이 아니라는 생각이. 대처 초입은 아직 더 가야 하는데 밖엔 어둠이 점점 짙어 온다.

"저어…… 여기서 내리면 안 될까요?"

여인은 말을 더듬는다. 의식이 깊어지면 때론 무지해지기도 한다. 마음이란 실 뭉치와 같은 것, 얽히려 들면 아무리 애를 써도 얽히고 풀리려 들면 술술 저절로 풀리지 않던가. 조금만 더 가면 시내버스 정류장인데 인적이 뜨음한 곳에서 내리겠다니.

"5분 거리인데, 다 왔습니다."

여인은 더 몸을 사린다. 내 깜냥으론 마음 들여 대했건만, 여인은 거슬린 게 있었던 모양이다. 파리였을까, 어둠이었을까, 구불구불한 도로였을까, 어쩌면 옆자리의 낯선 남정네였는지도 모른다. 그래 어쩌겠는가, 내리겠다는데 못 내리게 할 수도 없는 일이다. 차를 세우자 여인은 뒷자리의 보퉁이를 낚아채듯 꺼내 들고 본숭만숭 인사치레도 없이 저편으로 잰걸음을 친다.

난 억울하기도 하고 민망한 생각이 들어 애꿎은 가속 페달만 힘껏 밟았다. 파리가 차 안을 여전히 헤집고 다닌다. 다시 창문을 열어 주었건만 안으로만 맴돌 뿐 도통 벗어나려 하질 않는다. 등을 켜 살펴보았지만 어디에 숨었는지 보이지 않는다. 이제 나도 생각을 바꾸어 밖으로 나가기를 바라거나 쫓아낼 생각이 없어진다. 이 파리조차 없다면 여인이 놓고 간 황망한 그 마음을 무엇으로 덜어낼 것인가.

여인과는 달리 파리가 말을 하지 못한다는 게 참 다행이다. 열려 있는 창문을 꼭 닫았다. 밤에 낯선 도회지에서 밖으로 내몰린다면 파리는 헤맬 것이 뻔한 일이다. 앞질러 내린 여인이야 낯선 길가에 내려놓아도 갈 곳을 잘도 찾아들겠지만.

사람의 마음은 때로는 조끼의 넷째 번 단추보다 아래쪽에 있는지도 모른다. 마음이란 물건은 나를 장소(場所)로 하는 것, 나는 여인을 차 밖으로 내려놓았는데 여인은 내려서도 아직 차 속에 앉아 있는 것은 아닐는지.

바람 속에서

오색 바람개비

　보이지 않는 바람, 만지기라도 하고 싶었다. 바람 속을 헤집고 쏜살같이 달리면 될 것으로 여겼다. 촌동(村童)은 오색 바람개비를 앞세우고 숨이 턱에 차오를 때까지 헐헐대며 달렸다. 그렇게 지칠 때까지 뛰고 뛰었다. 그러나 그저 스칠 뿐, 손에 잡히는 것은 아무것도 없었다. 어떻게 하면 한 번이라도 바람을 만질 수 있을까를 곰곰이 생각했다. 아무리 생각해 보아도 깜냥으론 그 방법밖에 없을 것 같았다. 바람이 모여 사는 강둑으로 나갔다. 그곳에는 서늘하고 때론 차가운 바람이 몰려다니며 붐비고 있었다. 그 바람 속에서 헤매다가 웃옷을 벗어 한쪽은 묶고, 한쪽은 바람 부는 쪽을 향해 열어 놓은 채 한참을 뛰다가 멈춰서 옷 속에 손을 넣어 보았다. 하나 바람이라 인식할 수 있는 것은 무엇 하나 만져지지 않았다.

푸른 목발

만질 수 없는 바람, 야금야금 고양이처럼 다가왔다. 한데 차츰 눈빛을 세우더니 사방을 들쑤셔 어지럼증을 일으켰다. 회오리가 된 바람은 옷자락을 헤집고 가슴팍을 파고들었다. 바람은 영혼을 마구잡이로 뒤흔들었다. 발목이 겨우 여물었지만 혼돈의 계절이었다. 봄은 푸른 목발을 짚고 다가왔다. 벚꽃이 꽃눈개비가 되어 흩날리는 바람 찬 봄날은 까닭 모르게 어디론가 도망치고 싶었고, 어딘가에 처박혀 숨고만 싶었다. 그 증세는 봄마다 치르는 곤욕이었고 속절없이 앓아야 했던 열병이었다. 그때마다 연례행사처럼 며칠은 만취하여 인사불성이 되곤 했다. 도리 없이 골방에 칩거하며 견디곤 했다. 혼란스러운 열기가 가실 무렵, 바람은 바다 쪽으로 슬그머니 꽁무니를 빼더니 어느 순간 깜뭇 사라지고 말았다.

떠돌이의 피

사라진 바람, 허기진 첩년을 뒤딸리고 다시 찾아들었다. 해풍이 품은 염분 탓에 갈증으로 피돌기가 빨라졌다. 피가 뜨거워 제자리에 머물러 있을 수가 없었다. 정처 없이 목이 떼인 풍뎅이처럼 맴돌며 사방을 헤맸다. 마음자리를 틀어잡기 위해 산중 외진 암자에 틀어박혔다. 갈증을 죽이기 위해 생뚱맞게 국어사전 한 권을 처음부터 끝까지 읽어 나갔다. 유폐되어 방안에서 끙끙 앓다가 며칠 만에 밖으로 나와 만난 것은, 또 한 무리의 세찬 바람이었다. 암자에서 내려다본 바람은 야생마처럼 달리고 있었다. 거친 바람으로 숲 속 굴참나무가 심하게 나부대며 뒤척거렸다. 뜻밖에 전복의 쾌미로 피가 얼크러져 들끓었다. 이번엔 숲 속의 바람처럼 떠돌고 싶었다. 그 피 한 방울은 첩년이 낳은 떠돌이의 자식이었다.

모순의 깃발

떠도는 바람, 구꿈맞게도 이편에서 저편을 갈망했다. 일상의 비늘을 벗고 깃발처럼 흩날리고 싶었다. 그 갈망이 아이러니하게도 그를 찾게 했다. 그는 높은 담장 안 감옥에 갇혀 있었다. 푸른 나이에 푸른 깃발 들고 앞장서 달리다 육신이 갇힌 그의 얼굴과 눈빛을 보고 싶었다. 그가 갇혀 있는 곳의 경계엔 높은 담장을 따라 수십 그루의 키 큰 미루나무가 열병하듯 줄지어 서 있었다. 무덥던 여름날, 오종종한 수천 개 미루나무 이파리들은 세찬 바람에 깃발처럼 펄럭이며 그 담장 안쪽을 향해 나부끼고 있었다. 그 위로 작살비가 한 줄금 세차게 쏟아졌다. 감옥 안으로 부는 이파리들은 몸서리를 앓으며 진저리를 쳤다. 수천 개의 깃발은 감미한 도취, 하나 바라만 볼 수밖에 없는 아쉬움과 어지러운 깃발이었다.

알량한 목구멍

아쉬운 바람, 언제부턴가 무엔가 쫓기는 것도 같고 점점 초조해지기도 했다. 가슴은 잿빛 회한으로 물들어가고 흰 머리칼은 불안함을 재촉했다. 숙면의 밤보다 불면의 밤이 늘어나고 뒤척이다가 새벽을 맞이하곤 했다. 사소하고 공연한 일에 괜히 화를 내놓고 스스로 쓴웃음을 짓기도 했다. 더러 마음이 없는 독한 말을 내뱉기도 하며 짜증을 부리는 일도 잦아졌다. 차츰 이런저런 감정을 채신머리없이 드러내기도 민망스러운 일인지라 돌아서서 혼자 끙끙 앓기가 일쑤였다. 모험할 처지도 아니기에 알량한 선술집에서나 목구멍으로 칼 가는 소리나 해댈 뿐이었다. 세상사가 떨떠름하여 푼수 없이 텔레비전 채널이나 돌렸다. 어느 날, 우우우 허공을 달려가는 발걸음 소리가 들려 창문을 열고 바라보니 바람의 몸짓이었다.

대숲의 똬리

　달리는 바람, 생의 언저리를 맴돌다가 어지러움과 메마름을 다스려 길라를 잡았다. 야트막한 언덕을 넘어 고향 대숲으로 눈길이 갔다. 몇 년간 죽순을 뽑지 않아서 빽빽하고 칙칙해 바람 한 점 들지 않은 뒤란 대숲, 두어 시간 낫으로 대를 쨋쨋이 솎아내다 보니 땀이 비 오듯 했다. 어렵게 간벌을 끝내고 뒤쪽을 돌아보자 대숲 안이 환하게 밝아왔고 바람의 길이 만들어졌다. 뒷산 골짝을 타고 흐르던 바람이 대숲을 스치며 들어왔다. 비로소 댓잎이 수런거리는 소리가 귓바퀴 안으로 선명하게 들려왔다. 대숲이 바람에 술렁거렸다. 순간, 바람 한 줄기가 앙가슴을 관통하며 나직이 내뱉는 말소리가 귓전을 스쳤다. 단단한 호두 껍데기 같은 아집, 죄벌과 교만에 얼룩진 채 무명(無明)이 희미하게 똬리를 풀고 있었다.

만추의 뼈

　술렁이는 바람, 서늘하게 이마를 스쳐 지나갔다. 비루한 속뜰, 바람은 빈 들판에 스스로 서게 하였다. 생을 지탱해 줄 기본 조건들이 모두 거두어진 황량한 들판에서 만난 것은 갓맑은 바람이었다. 태어나기도 전에 불었고, 지금을 거쳐, 내가 사라진 이후에도 불 그 바람에 영육을 맡기면 안일과 타성의 더께에서 벗을 수 있을 것만 같았다. 다행히 바람은 탐착과 나태를 조금씩 깎아서 거두어갔다. 이젠 가을걷이 끝난 빈 들판에서 그 바람을 순한 눈매로 맞이하고 있다. 들판에서 허수아비 되어 바람을 맞아 스스로를 곧추세울 수 있는 단단하고 정갈한 뼈 하나 만들어야겠다. 때를 벗고 살을 깎아내 톺아보면 투명한 뼈를 맞이할 수 있으리라. 하면 남루한 겉을 벗고 결곡한 무애(無碍)를 만날 수가 있지 않을까 싶다.

생을 지탱해 줄 기본 조건들이 모두 거두어진 황량한 들판에서 만난 것은 갓맑은 바람이었다. 태어나기도 전에 불었고, 지금을 거쳐, 내가 사라진 이후에도 불 그 바람에 영육을 맡기면 안일과 타성의 더께에서 벗을 수 있을 것만 같았다.

눈물 듣기

이게 무슨 소리인가. 잠을 이룰 수가 없다. 호흡을 고르며 잠을 청해보지만 머릿속이 말짱해지기만 한다. 의식의 모서리를 스치는 저 소리. 간헐적으로 떨어지며 울리는, 눈을 감으면 선율 같기도 하다가 눈을 뜨면 동굴 천장에서 떨어지는 물방울 소리와도 같다.

자정을 넘긴 지도 한참인 이 시각, 어디서 들려오는 소리일까. 개수대에 떨어지는 수돗물 소리인지, 홈통에서 떨어지는 빗방울 소리인지, 벽 건너 옆집에서 들려오는 소리인지 톺아보아도 짐작할 수가 없다. 하나 분명 주변에서 들려오는 소리다.

잠자리에서 일어난다. 귀를 열고 더듬이를 세워 주변을 탐색한다. 주방은 고요하고 밖엔 비가 오지 않는다. 그렇다면 개수대도 홈통도 아니다. 화장실까지 살펴보아도 별 이상이 없다. 옆집에서 들려오는 소리라면 이리 선명하지도 않을 텐데. 도무지 종잡을 수가 없다.

다시 자리에 눕는다. 여전히 소리는 들려온다. 귀가 더욱 예민하다. 모르겠다. 차라리 소리에 귀를 맡겨두자. 오늘 밤은 그냥 저 소리로 밤을 새워보자. 운율 삼아 느긋이 즐기는 편이 낫겠다. 마음이 조금 편해진다. 한데 떨어지는 속도가 빨라지는 것도 같고 느려지는 것도 같다. 탁하기도 하고 때론 투명하게도 들린다.

소리는 차츰 어떤 기억을 불러들인다. 의식의 갈피에 스며있는 울음과 눈물이다. 그래, 눈물이 소리를 내면 울음인 게지. 불현듯 가슴이 바싹 조여 온다. 소리 안에 눈물이 숨어있었단 말인가. 소리는 결국 뜻하지 않은 울음을 끌어 온다. 그리고 울음은 다시 되돌려 눈물을 불러들인다. 그 눈물을 듣고 있다. 귀로 눈물을 듣고 있는 셈이다. 정신은 더 말똥말똥해진다. 울음 속에서 기어이 눈물이 비집고 나온다.

어릴 적, 방학이면 한 마장 밖에 사는 막내 고모네 집에 놀러가곤 했다. 부모님을 졸라 그곳엘 가고 싶은 이유는 따로 있었다. 고모는 신작로 가에서 가게를 하고 있어서 군것질거리가 많았다. 고모는 큰 유리병 속에 담긴 알사탕을 꺼내 내 손에 쥐여 주곤 했다. 하나 그때 신작로 건너 벌판을 무연히 바라보곤 하던 고모였지만 나는 단물이 흐르는 사탕을 입에 물고 진종일 굴리느라 정신 팔려 고모와 눈을 제대로 맞추질 못했다. 그 무렵 고모부는 밖으로 배돌며 집에 머무르는 날이 거의 없었다.

그때 그날 밤, 무슨 소리엔가 잠이 깨고 말았다. 대청마루에서 들려오는 울음소리였다. 일어나 그쪽을 바라보니 그림자처럼 앉아 있는 사람이 있었다. 고모였다. 얄푸른 달빛이 내려앉은 마루 귀퉁이에 앉아 숨죽여 울음을 삼키고 있었다. 왜 저리 새붉게 울고 있을까 생각하다가 다시 잠이 들었는데 아침에 깨어보니 고모는 아무 일도 없었다는 듯이 부엌에서 밥을 짓고 있었다.

스물서너 살 적 여행길, 강릉 경포대 근처 쿱쿱한 여인숙이었다. 종일 걸은 탓에 까무룩 잠이 들었는데 어느 순간 눈이 떴다. 옆방에서 들려온 울음소리 때문이었다. 꺼이꺼이, 허름한 벽 틈새를 비집고 들어온 사내의 통곡이 귓속을 파고들었다. 어둠 속에 울음이 눅눅히 젖어 있었다. 눕지 못하고 울음에 젖은 채 혼자 새벽을 맞았다. 밖이 희붐해서야 울음소리가 그쳤다.

지명을 넘긴 어느 봄날이었던가. 꽃샘바람이 치는 거리를 걷고 있었다. 건널목에서 파랑 신호등을 기다리고 있는데, 뜬금없이 코끝이 시큰하고 울대뼈가 알알하며 속이 우꾼하더니 가슴 저편에서 뜨거운 기운이 솟구쳤다. 순간 눈에서 눈물이 주르르 흘러내렸다. 이 무슨 일인가. 신호등이 바뀌었지만 맞서 오는 사람들이 쳐다볼까 봐 그 자리에서 하늘만 쳐다보고 있었다. 이상한 일이었다. 그때 쏟아진 눈물의 이유를 아직껏 알지를 못한다.

저 소리의 출처를 알면 잊고 잠을 청할 수 있으련만, 하나 이젠 구태여 찾지 않으련다. 소리의 진원지를 찾기보다 소리에 묻히는 게 더 낫겠다. 출처 불명의 소리는 울음이 되고 다시 눈물로 바뀌어 의식의 켯속으로 스며든다. 알 수 없는 삶의 조각들이 귓속에서 웅얼대고 앙가슴이 먹먹해진다. 그래, 눈물은 가슴의 서늘한 감각이자 똬리를 튼 감정의 결정체이지 않은가.

출처 불명의 소리, 여전히 멈추질 않는다. 그날 밤 고모가 삼킨 울음과 사내의 통곡은 정체가 무엇이었을까. 그리고 바람 치는 봄날 뜬금없는 눈물은 어디서 서성대다가 그렇게 우우우 몰려온 것이었을까. 눈물에서 그 답을 듣고 싶다. 존재의 뿌리와 비의가 담긴, 그 눈물의 뚜껑을 열어보고 싶다. 눈물은 죽음 쪽보다는 삶 쪽으로 떨어지고 있을 것이기 때문이다. 한데 뚜껑의 손잡이는 어디에 있는 것인가. 다만 등뼈를 세우고 귀를 벼려 눈물을 들을 따름이다.

목선(木船)과 꽃집 남자

"어, 방금 스쳐 간 게……."

눈길을 앞으로 돌리는 순간, 뭔가 비탈진 숲 속으로 가뭇없이 사라진다. 한 무리의 작은 날짐승 같은데 알 수가 없다. 바다 쪽으로 흘깃흘깃 눈길을 던지며 해찰한 탓이다. 옆자리에 앉은 사람은 보고도 모르느냐는 듯

"……새 떼잖아요."

검지를 세워 창 앞으로 두어 번 가리키며 말한다. 아무래도 불안했는지 앞을 보고 운전이나 잘하라는 나무람이 묻어 있다. 무슨 새냐고 물어보려다가 목울대 너머로 침만 꿀꺽 삼키고 만다.

변산반도, 곰소만(灣) 부근에서 노을을 바라보면 그 느낌이 그

리 서늘하단다. 볼일이 있어 먼 곳을 다녀오다가 그 말이 무뜩 떠올라 국도를 따라 들어선 비탈길이다. 늦가을 해질녘인지라 바닷바람이 제법 쌀쌀하다. 바닷가 언덕배기에 서서 노을을 바라보다가, 굽잇길을 천천히 감돌며 운전하는 중이다. 비탈진 산록을 등지고 넓게 펼쳐진 갯벌을 바라보는 눈맛도 괜찮을 성싶어서다. 앞쪽 길과 오른쪽 바다 풍경을 번갈아 바라보며 운전하다 보니 차창 앞으로 순간 스쳐 지나간 무리의 정체를 놓치고만 게다. 멧새였을까, 박새였을까, 어쩌면 찌르레기였는지도 모른다. 뜬금없는 생각이 든다. 난 새 떼를 보지 못했는데 새들은 나를 바라본 게 아닐까 하고.

새 떼를 놓친 것은 기실 그 목선 때문이다. 노을 진 바다 위에 떠 있는 목선 한 척에 눈길이 쏠려 있던 참이다. 진종일 파도 위에서 뒤뚱거리다가 갯벌에 겨우 몸을 풀고 있었으니까. 노을에 젖은 채 목선은 반짝이며 빛을 발하고 있다. 목선도 나를 바라보고 있다는 느낌이 사뭇 든다. 나만 목선을 바라보는 게 아니라 나도 목선에 보이기도 할 테니까. 서로 눈빛을 섞고 반응한 것일까. 이는 해질녘의 난취(爛醉), 노을 때문이었는지도 모른다.

뿐이랴. 일상의 거리에서 스치는 사람들을 바라보며 여러 상

목선(木船)과 꽃집 남자

넘에 젖곤 하였다. 앞모습에서 그 사람의 이미지가 잡히지 않으면 뒷모습을 보고라도 생각을 마무리했다. 저 중년 사내는 차돌같이 단단하나 막상 망치를 들이대면 쉬 깨지겠군, 이 여자는 겉은 화사하지만 속은 얼룩이 많네, 저 노인네는 겉은 곤핍해 보이지만 뒷모습이 넉넉해 보인단 말이야, 중학생 이 녀석은 덜렁대지만 그래도 제 할 일은 제법 하는 놈이야 등등. 그건 내 일방적인 느낌과 생각이었겠지만.

서너 달 전, 집 근처 길가에 자그마한 꽃집이 하나 들어섰다. 처음엔 무심히 지나치다가 문밖에 내놓은 꽃에 차츰 눈길이 가기 시작했다. 출퇴근길에 운전하며 지나치다 보면 꽃집 안에서 어른거리는 주인의 뒷모습만 가끔 흐릿하게 보일 뿐이었다. 근처에 아기 낳는 전문 병원이 있어서인지 꽃집엔 손님들이 간간 보였다.

하루는 그 근처에 볼 일이 있었다. 꽃집 앞을 스쳐 예닐곱 발짝을 옮기는데 뒤에서 경적이 울렸다. 뒤돌아보니 꽃집 앞에 멈춘 승합차 조수석에서 예닐곱 살 단발머리 어린애가, 운전석에선 몸피가 작달막한 중년 여자가 내렸다. 그와 동시에 꽃집 창문이 열리고 그들은 함께 꽃집 안으로 들어갔다. 두 사람은 아내와 딸이라는 생각이 들었다. 꽃집 주인은 뜻밖에 남자였다. 단란한 가정이구나, 눈길을 거두어 볼일 때문에 발걸음을 재촉했다.

 그 며칠 후, 차가 말썽이 나 카센터에 맡기고 걸어서 출근하게 되었다. 마침 축하 꽃을 보내야 할 데가 있었는데 퇴근길에 그 꽃집에 들러 배달을 부탁하면 되겠지 싶었다. 퇴근길, 꽃집 남자는 창가에 서서 밖을 우두커니 바라보고 있었다. 그날따라 비가 쏟아지는 저물녘이어선지 꽃집 안에 손님은 보이지 않았다. 꽃집 남자를 가까이서 바라보기는 처음이었다. 헐렁한 쥐색 바지에 후줄근한 회색 남방셔츠를 입고 있었는데 표정이 지쳐 보였다. 일전 단란하게 보였던 느낌은 사라지고 왠지 애잔한 느낌이 밀려왔다. 다발을 만들기 위해 꽃을 손질하는 남자의 팔목에 돋은 퍼런 핏줄과 수척한 얼굴, 그리고 흐린 눈매 때문이었을까.

 불쑥 생각이 들었다. 내가 그를 보고 느낀 것처럼 혹시 그도 나를 보고 어떤 생각이 든 게 아니었을까. 꽃집에 들어서기 전에 그도 창가에서 이미 나를 본 게 아니었는지. 바짓가랑이를 빗물에 적신 채 걸어오는 우산 속의 사내를 보고 남루와 연민을 느낀 것은 아니었을까. 꽃값을 치르고 나오는데 등 뒤로 낮게 들려온 그의 목소리가 그런 생각을 들게 했다. 서로 느낌과 생각을 섞은 인식의 대상이었을까. 이는 저물녘의 중얼거림, 비 때문이었는지도 모른다.

  노을을 거느리고 해는 이미 수평선 너머로 사라졌다. 차 불빛을 전조등으로 바꾼다. 불빛을 따라 앞길이 환하게 밝아진다. 하나 좌우 바깥 주변은 어둑신하다. 이제 그 어둠 속을 바라볼 수가 없다. 하지만 길섶의 쑥부쟁이가 차 안을 짯짯이 바라보고 있는지도 모른다. 그 눈길을 알아내기 위해 의식의 갈피를 되작거리며 이제 자신을 곱새겨 보려 한다. 물상(物象)의 속살을 엿보고 그와 내통하려면 마음자리와 눈길을 어떻게 벼려야 할는지를.

그 이름 경배하며

눈에 띄지도 않고 쉽사리 바라볼 수도 없다. 얼굴처럼 매만질 수도 가꿀 수도 없어 내버려두다시피 하는 곳이다. 그러기에 잊히기 쉽고 푸대접받기 일쑤다. 그래도 불평 한 마디 없이 주변의 방패막이가 되고, 제 뼈를 감싸며 요긴하게 버팀목 구실을 한다. 눈길을 받지 못해도 제 소임을 톡톡히 하는 곳이 등(背)이다.

산길을 향해 걷는 중이다. 담장을 낀 고샅길, 그 호젓함이 좋아 가끔 걷던 길이었는데, 늦가을을 맞아 오늘은 길보다는 수척한 등이 눈길을 붙잡는다. 한철 무성하던 담쟁이 잎들은 자취를 감추고 담벼락의 어깨엔 찬바람만 스친다. 잎들을 제 어깨 너머로 보내고 나서야 마음이 놓였는지 몸 푼 산모처럼 저리 할끔해

졌는가. 이제 푸른 추억만 되작이며 함묵하고 있다.

잎이 처음 고개를 들어 위를 올려다보았을 때 그들에게 담장은 절벽이었겠지. 그런 잎들에 새로운 세상을 보여주기 위해 벽은 돌아서서 등이 되어 스스로 거칠어졌으리라. 제 등이 거칠수록 잎들이 타고 오르기 쉬웠을 테니까. 그래도 잎들은 어찌 절벽 같은 등을 타고 오를 엄두를 낼 수 있었으랴. 그건 벽이 허락하지 않고, 손을 내밀지 않았다면 가당치도 않은 일이다. 저 거친 등이 아니었던들 담쟁이 잎들은 담장 너머를 꿈이라도 꿀 수 있었겠는가.

하여 잎들은 제 노력으로 벽을 기어올랐으리라는 교만한 생각은 하지 않는다. 애오라지 그동안 자신들을 키운 것은 저 웅숭깊은 등이라는 것을, 그 등을 흔쾌히 내어주었기에 손에 손을 잡고 벽을 기어오를 수 있었다는 사실을 잊지 않는다. 오르기 힘겨워 쩔쩔맬 때 등불을 켜들고 손뼉 치며 다독이던 벽의 다순 손길을 망각하지 않는다.

이럴진대 유정한 인간임에랴. 지난여름, 뙤약볕이 내리쬐는 길가를 걷다 만난 그 등이 아직도 눈에 솜솜하다. 신축 중인 공사장 앞, 서너 명의 일꾼들이 건물을 그늘 삼아 앉거나 서서 새참을 먹는 중이었다. 음식이라야 두부 몇 모에 막걸리 서너 병이 전부였다. 쭈그려 앉은 한 사내의 뒷모습, 길가를 등진 중씰한 사내의 구부정한 등이 유독 눈에 파고들었다.

숭숭 구멍이 나고 구중중한 러닝셔츠 사이로 등이 보였다. 검붉게 탄 거친 등이 그 구멍 사이사이로 드러났다. 저 등으로 그동안 얼마나 많은 질통을 짊어지고 가파른 건물을 오르내렸을까. 등은 그에게 곤고한 생을 떠받드는 유일한 도구였으리라. 누구를 위하여 저 등은 무량한 짐을 져야 했을까. 등판에 낙인처럼 찍힌 질통의 어깨끈 자국, 그래도 등은 그에게 결곡한 생의 지렛대였으리라. 그동안 등 앞쪽 가슴에는 어떤 생각들이 헤집고 스쳐 지나갔을까. 등의 이편저편 모두 뜨겁기는 마찬가지였으리라. 저 등을 밟고 오른 이들은 과연 등 너머에 있는 밝은 세상을 만났을까, 하는 생각에 좀체 발길을 뗄 수도 눈길을 거둘 수도 없었다.

골목을 벗어나 산비탈을 오르며 담벼락과 그 사내의 등이 내내 갈마든다. 그 살피로 아버지의 등이 파고든다. 아버지의 등에 업혀본 적이 딱 한 번 있었다. 유년 적, 동무들과 돌팔매질을 하며 놀다가 그만 동무가 던진 돌멩이에 맞고 말았다. 이마가 터져 피가 흐르는데, 어찌 알고 달려온 아버지는 자식을 업고 시오리 길이나 되는 읍내를 향했다. 피를 흘리는 자식을 등에 둘러웁고 땀을 뻘뻘 흘리며 뛰고 뛰었다. 어린 자식은 된장을 바른 헝겊을 이마에 누르고, 중년의 아버지는 그 자식을 업고 병원을 향해 뛸 뿐이었다.

　다행히 상처는 눈을 피해 큰 화는 면했지만 마냥 피를 흘렸다면, 바늘로 꿰매지 않았다면 지금쯤 큰 상처를 지닌 채 살았을는지 모른다. 지금도 이마에 난 희미한 상처를 볼 때마다 달리며 몰아쉬던 아버지의 숨소리가 쟁쟁하다. 아니 그보다 더 뜨겁던 아버지의 등이 생각나 그곳에 맞닿았던 가슴이 이내 더워온다. 그때 아버지는 몸뚱이뿐만 아니라 어린 자식의 푸른 꿈까지도 짊어지고 뛰었으리라. 이젠 그 아버지의 등을 볼 수가 없다. 하나 등은 사라지는 게 아니라 자식을 통해 영원히 사는 숭고한 계단이 아니겠는가.

　가파른 산마루를 향해 오른다. 산 또한 돌아서서 묵묵히 등을 내주었기에 기꺼이 오르고 있다. 공사판 사내와 아버지의 등, 담벼락과 산의 등은 같은 이름이다. 산의 등을 오르는 내 등이 새삼 따가워진다. 어린 굴참나무 곁에서 걸음을 멈추고 뒤를 돌아본다. 비로소 보인다. 등이 도렷하게 보인다.

등의 이편저편 모두 뜨겁기는 마찬가지였으리라. 저 등을 밟고 오른 이들은 과연 등 너머에 있는 밝은 세상을 만났을까, 하는 생각에 좀체 발길을 뗄 수도 눈길을 거둘 수도 없었다.

낯선 땅에서 만난 뼈마디

 이국에 대한 설렘은 뿌연 황사와 함께 밀려왔다. 중국(中國) 하남성(河南省)·정주(鄭州) 공항, 가이드의 안내를 받아 버스를 타고 목적지를 향해 서너 시간을 더 달려야 했다. 길가엔 백양나무가 촘촘하게 끝없이 늘어서 있었다. 황사로부터 농작물을 보호하기 위해 심어놓았다는데 앙상한 나뭇가지 때문에 바깥 풍경은 더 황량해 보였다. 여행 첫날인지라 들뜨기도 하련만 여섯 명의 일행은 차창으로 겨울 풍경을 바라볼 뿐 말이 없었다. 가이드도 이름과 일정만 밝히고는 입을 다물었다. 졸음이 왔다. 몇몇 사람은 이미 졸고 있었다. 간밤 잠을 설치며 새벽같이 출발하였기에 그럴 만도 하였다. 낯선 창밖은 어둠에 시나브로 묻혀 가고 있었다.

　눈썹조차 빼놓고 떠나자. 눈에 보이면 볼 뿐, 의미를 부여한다거나 더 알려고 다가서지도 않으리라. 이번은 웬일인지 계획을 세우고 정보를 챙기며 법석을 떨고 싶지가 않았다. 그냥 마음 내키는 대로 최소한 준비만 하고 가볍게 떠나기로 했다. 책은 물론 메모장이나 필기도구도 일부러 챙기질 않았다. 생각도 될 수 있는 대로 하지 않겠다고 마음먹었다. 그저 무념의 상태로 다녀보고 싶었다. 그래야 뜻밖의 즐거움도 만날 수 있을 테니까. 무엇에든 얽매이다 보면 그곳에 마음이 쏠려 경직될 수도 있기 때문이다.

　도착지에서 첫날밤을 보내고 창밖을 내다보니 황사는 여전했으나 기분은 상쾌했다. 가이드의 안내를 받아 몇 군데를 구경하면서도 심신은 가볍고 산뜻했다. 마음먹은 대로 눈과 배만 호사를 누리자는 속셈은 잘 유지되었다. 하여 차와 오토바이와 사람들이 뒤엉킨 무질서한 도로를 건너면서도, 지저분하고 황사에 뒤덮인 회색건물을 눈앞에 두고도, 정교하며 상상을 뛰어넘는 유물 앞에서도, 차로 몇 시간을 달려도 끝없이 펼쳐지는 광대무변한 땅을 보고도, 강한 향신료 때문에 넘길 수 없는 음식을 앞에 놓고서도, 목을 태우는 독한 술을 홀짝이면서도, 기묘한 산세와 험준한 협곡을 바라보면서도, 끝없이 흐르는 거대한 강물 앞에서도, 스스럼없이 코를 후비며 시끄럽게 떠들어대는 그들을 보고도, 아무 데서나 담배를 피우고 침을 함부로 뱉어대는 사람들을 대하면서도 무심히 지나칠 수가 있었다.

굳이 말하자면 보고 먹는 데만 충실한 관광이었다. 재충전이라는 미명 때문에 건조했던 여행과 풀어진 의식 때문에 외려 망쳐버린 휴양의 경험이 있었던 터라, 이번은 시간의 한 조각만을 채워가는 관광을 생각해 냈다. 흔히 관광이 끝나면 여행을 하게 되고 여행의 단계가 지나면 휴양을 간다고 하는데, 어찌 사람마다 다 같을 수가 있으랴. 단순함이 외려 더 큰 즐거움을 줄 수도 있는 법이니까. 그런 생각을 충족시켜 줄 만한 곳이 어딜까 고심하다가 한창 추위가 맵짠 중국 땅을 택했다. 물론 동행했던 이들과 합의를 거쳤지만 내심은 따로 있었다. 황량한 겨울 대륙은 의식을 잠재운 채 눈으로만 구경하기에 안성맞춤인 곳이라 여겼기 때문이다. 그런 생각은 황사와 추위에도 다행히 잘 유지되었고 단순한 즐거움과 가벼운 흥겨움을 잃지 않았다.

닷새째 날이었다. 유적지를 돌아보고 나와 한적한 공원 뒷길을 걷게 되었다. 해가 설핏한 무렵, 인적이 뜸한 공원 안에 앉아 있는 노부부가 눈에 띄었다. 부부는 나무의자에 앉아 우두커니 앞을 바라보고 있었다. 노부부의 시선은 발치에서 먹이를 쪼는 서너 마리의 회색 비둘기에 머물러 있었다. 발걸음을 멈추고 물끄러미 그들을 바라보고 있었다. 낯선 땅에서 바라본 노부부의 모습은 차츰 가슴에 노을과 함께 내려앉기 시작했다. 일행들의 모습이 멀어져 발길을 재촉해야 하는데도 선뜻 발길이 떨어지질 않았다. 마냥 그러고 있을 수가 없어 머리를 흔들며 발걸음을 재촉했다.

재우쳐 걷고 있는데 또 한 풍경이 눈길을 붙잡았다. 길거리에서 혼자 춤을 추며 노래를 부르는 강파른 사내였다. 사내는 취한 듯 보였으며 노랫가락 속엔 그래도 여유와 흥겨움이 배어 있었다. 공원의 노부부는 어느새 뇌리에서 잊히고 이국 사내의 늘어지는 춤사위와 노래에 젖어 있었다. 이를 구경하는 주위 사람들의 표정을 살펴보니 각기 달랐다. 그 중엔 고양이를 안고 있는 사십이 넘어 보이는 갈걍갈걍하게 생긴 여인이 눈에 띄었다. 여인의 품엔 흰 고양이가 안겨 느긋한 표정을 짓고 있었다. 여인은 춤추는 사내에게서 눈길을 거두더니 고양이에게 속삭이듯 무어라 귀엣말을 했다. 그리고는 고개를 들어 어두워 가는 하늘을 바라보다 저편으로 걸어갔다. 사내와 여인을 번갈아 바라보며, 불현듯 사는 일이란 대리석과 진흙으로 이루어진다는 말이 떠올랐다. 마음이 자꾸 어디론가 기울어지는 느낌이 들어 다시 고개를 흔들었다.

엿새째 날이었다. 서너 시간 동안 바람 찬 겨울 협곡을 걷던 중 뜻밖에 귀퉁이에 간이화장실이 보였다. 비닐 장막을 젖히고 화장실에 들어섰다. 좁디좁은 화장실에 들어서는 순간 진한 향내와 매캐한 냄새가 뒤섞여 코를 찔렀다. 소변을 보고 되돌아 나오다가 들어설 때 보지 못했던 광경이 눈에 들어왔다. 웬 사내가 환(丸)의자에 엉덩이만 걸친 채 한쪽 귀퉁이에 앉아 있었다. 사내 옆엔 연탄 화덕이 놓여 있고 그 곁엔 향이 타오르고 있었다. 구접스러운 외투에 검정 바지를 입고 앉아 졸고 있던 초로의 사내는 인기척을 느꼈는지 천천히 실눈을 떴다. 사내는 눈을 들어 힐끗 쳐다보더니 관심이 없다는 듯 다시 눈을 감고 말았다. 그런 사내의 모습이 또 눈길을 붙잡았다. 무슨 생각을 하며 앉아 있는 것일까. 묵언 수행 중일까, 무료함을 잠으로 메우는 중일까. 아니면 무슨 꿈이라도 꾼 것일까. 왠지 얼굴 표정이 게게 풀어져 있었다.

가이드에게 물어본즉 화장실 지기라고 하였다. 특별한 일이 없이 그렇게 앉아 있으면 된단다. 무심코 지나쳤지만 밖으로 나오니 고리삭은 사내의 모습이 차츰 손끝에 든 가시처럼 의식을 파고들기 시작했다. 어둡고 눅눅한 곳에서 무료하게 졸고 있는 사내의 모습이 눈에 알짱거렸다. 인적이 드문 추운 협곡 간이화장실에서 사내는 온종일 자리만 지키고 있단 말인가. 머리를 흔들어 보았지만 사내의 모습이 더 악착같이 달라붙었다. 그날 밤, 독한 술을 예닐곱 잔 마셨다.

되돌아오는 날, 낯선 땅과 희읍스름한 황사를 벗어나 비행기 안에 있는데, 갈 때와는 달리 의식과 눈길이 편치 않았다. 갈 때는 눈길이 바깥 풍경을 향하다가 낯선 땅에서는 차츰 낮아지더니 돌아올 때는 가슴속으로 파고들고 만 것이다. 애초 마음먹었던 볼거리와 먹을거리에만 충실하려 했는데 그만 웅덩이를 만나고 말았다. 그건 생의 뼈마디였다. 단순하고 가벼운 흥겨움을 즐기려다가 외려 의식을 들쑤시는 덫에 걸리고 만 셈이다. 구덩이를 파는 자는 자신도 거기에 빠질 수 있다더니, 눈과 배만 호사를 부리자는 짓도 어쩌면 삿된 목표였던 모양이었다. 해질 무렵, 뼈마디가 담긴 바퀴 달린 가방을 끌며 인천공항 로비를 빠져나왔다.

호박잎

— 풍경 1

중국 음식점에 들어갔습니다. 우동을 주문했지요. 넓고 납작한 그릇에 가락국수가 담겨 나옵니다. 양이 참 많기도 합니다. 뜨거운 음식이 몸속으로 들어가니 금방 땀이 납니다. 바깥은 시방 땡볕입니다. 국물을 한 모금 마시다 문득 생각이 납니다. 아침에 집을 나서 고샅을 걷다가 눈에 띈 호박잎이 말입니다. 주택가 공터에서 자란 것이었지요.

가뭄 끝에 빗발이 듣기 시작했습니다. 호박잎에 빗방울이 떨어졌습니다. 호박은 새순을 뽑아 올려 노란 꽃을 피우기에 여념이 없었습니다. 빗방울이 톡톡 잎에 안겼습니다. 호박잎은 마치 우동 그릇처럼 생겼습니다. 다르다면 우동 그릇은 사방이 막혀 있지만 호박잎은 한쪽이 터져 있을 따름입니다. 호박잎은 단비에

물을 받으려고 노력하고 있는 게 역력했습니다. 줄기를 뻗고 꽃을 피우기 위해 물이 필요했을 테지요. 뿌리는 또 얼마나 부지런히 땅속에서 물기를 머금으려고 이리저리 기웃거렸을까요.

한데 물끄러미 바라보다가 눈에 띈 것이 있었습니다. 호박잎은 빗방울을 조금만 받고 나머지는 또르르 몸 밖으로 흘려보내는 것이 아니겠습니까. 그 빗방울은 땅 밑에서 위를 쳐다보고 있는 잡초에 떨어졌습니다. 호박잎 그늘에 가려 빗물을 받을 수가 없어 잡초들은 목을 빼고 있었던 것입니다. 그것을 호박잎은 눈치를 챘던 모양입니다. 호박잎은 아무 말도 하지 않고 잎에 떨어지는 빗방울을 필요한 양만 받아들이고 나머지는 잡초에 나누어주고 있었던 것입니다. 실은 호박에는 더 많은 양의 빗물이 필요했을 것입니다. 한동안 가물었으니까요. 하나 호박잎은 목만 적시고 나머지는 옆 친구들에게 나누어 주고 있었습니다.

글쎄 우동을 먹다가 그 호박잎이 문득 떠오르지 뭡니까. 우동국물이 아직 많이 남았는데 차마 더는 먹을 수가 없습니다. 슬며시 일어나 값을 치르고 밖으로 나옵니다. 부끄러웠지요. 호박잎에 부끄러웠습니다. 이제 음식을 먹을 때 그 호박잎이 자꾸 생각날 것 같습니다. 한데 궁금한 게 있습니다. 꽃을 피우기 위해 잠도 자지 않고 물기를 열심히 끌어모은 뿌리는 빗방울을 밑으로 흘려보낸 잎을 어찌 생각했을까 하고요.

망해(望海)
—풍경 2

　늦여름 오후. 썩 괜찮은 곳이 있으니 한번 가보자는 C선생의 제안으로 나선 길이었다. 출발할 때는 멀쩡하던 하늘이 뚫린 듯 비가 쏟아지고 말았다. 장대비 속을 뚫고 두 시간여 만에 도착한 곳은 외딸고 으슥한 바닷가였다. 바닷가에 도착하자 장대비는 또 언제 그랬냐는 듯 머즘했다. 바닷가 그 괴괴함, 일행은 무연히 저편을 바라보다가 바닷물이 코앞에서 철썩이는 식당으로 들어갔다. 소주 몇 잔에 몇 마디 말을 나누다가, 어느새 내남없이 말문을 닫고 다시 바다로 눈길이 쏠렸다. 가까이서 바장이는 갈매기 때문이었는지, 하얗게 부서지는 물꽃과 파도 소리 때문이었는지, 아득한 바다 때문이었는지는 잘 모르겠다. 일순, 바다 저편에 눈길을 던지고 있던 S선생은 유행가 가락을 낮게 뽑아냈다. B생은 손톱 근처에 난 거스러미를 뜯으며 종종 놓치는 바다를 물끄러미 바라볼 뿐이었다. C선생은 떼꾼한 눈을 한 채 젓가락으로 상 위에다 무언가 낙서를 했다. 난 세 사람의 몸짓과 표정을 바라보며, 그들의 마음속을 헤집고 다니는 것이 무엇인지 궁금했다. 식당을 나와 한참 동안 다시 바다를 바라보다가, 뒤편에 있는 절집 앞뜰로 가서 또 바다와 마주하고 섰다. 언덕배기에는 망해사(望海寺)라는 절도 바다를 바라보며 서 있었다. 얼마 후, 절과 바다를 등지고 왔던 길을 되짚어 차를 몰기 시작했다. 해거름 무렵 귀갓길에 한동안 그 누구도 아무 말이 없었다. C선생이 그곳에 한사코 가자고 한 까닭이 무엇 때문이었는지 지금도 잘 모르겠다.

미망
—풍경 3

지척이 어둠이라더니 그런가보다. 자투리땅 화단에서 물을 주고 있는데 동료가 곁으로 오더니 무얼 하느냐고 묻는다. 꽃에 물을 준다고 했더니 무슨 꽃이냐고 거듭 물어 본다. 분꽃이라 하였더니 저쪽 화단에서 옮겨 심었느냐고 한다. 무슨 소리냐 하였더니 저쪽 화단에 분꽃이 무더기로 자라고 있다는 거다. 설마 하고 가서 보니 분꽃이 군락을 이루고 있다. 오랫동안 이편 건물에서만 생활을 한 탓에 그쪽 화단은 건성이었다. 저편 건물 화단에서 그 동안 피고 졌던 분꽃을 모른 채 살았던 거다. 그 곁을 지나다니면서도 그냥 스쳤던 모양이다. 고개 돌리지 못하고 무관심하고 단조롭게 살아왔다는 생각이 든다. 하지만 그쪽 분꽃들이 잡초처럼만 여겨지는 건 또 무슨 조화일까. 아마 이쪽 분꽃은 향 맑은 섬진강에서 채집해 온 씨앗이라 그랬던가 보다. 이쪽 분꽃이 저쪽 분꽃보다도 더 해맑고 초롱하며 개결하게 보이는 건 또 무슨 조화일까. 해마다 온갖 정성을 기울인 게 까닭이리라. 느꺼워 분꽃을 한참 동안 바라본다. 분꽃에 숨결과 마음이 베인, 강변을 스쳤을 바람의 어금니가 보였기 때문일 거다. 사람들 사이도 그러지 않나 싶어 다시 바라본다. 가슴 한켠으로 실바람 한 자락 스쳐간다.

딴 청
—풍경 4

아침 주택가 담장 밑. 햇살 아래 꽃이 무덕무덕 피어 있다. 개나리 꽃그늘에서 엄마는 아이와 키를 맞춰 쪼그려 앉아 있다. 아이는 노란 모자와 원복을 입고 있다. 유치원 버스를 기다리는 모양이다. 엄마는 아이에게 무슨 말인가를 건넨다. 아이는 고개를 끄덕이다가 엄마를 빤히 쳐다본다. 게걸음 쳐 슬며시 다가가 본다. 아이는 노란 개나리 꽃잎을 만지작거리며 병아리처럼 재잘거린다.

"근데 엄마, 이 꽃은 왜 노래?"

"응, 어제 피어서 그렇단다."

"그럼, 베란다 꽃은 왜 파래?"

"응, 나팔꽃은 아침에 피어서 그렇고."

"왜 나팔꽃은 아침에 피고, 이 꽃은 어제 피는데?"

"응, 나팔꽃은 일찍 일어나서 그렇고, 이 개나리꽃은 늦잠 잘까 봐 어제 피어서 그렇단다."

"그럼, 나팔꽃하고 개나리꽃하고 누가 더 착한데?"

"……."

"엄마 엄마, 근데 아빠는?"

아빠가 어쨌다는 걸까. 아빠는 일어난 걸까, 늦잠 중일까. 연이어 이어지는 아이의 질문에 엄마는 옆으로 얼굴을 돌리고 피식 웃더니, 대답 대신 일어서서 한길 저편을 바라보며 딴청을 피운다. 유치원 버스는 아직 보이지 않는다. 표정을 고쳐 얼굴을 돌린 엄마는 아이의 얼굴을 빤히 쳐다보며 낮은 목소리로 빠르게 무슨 말인가를 한다. 알아들을 수가 없다. 아침 햇살이 엄마와 아이 곁을 맴맴 맴을 돈다.

두 여인
—풍경 5

주말 저녁 식당. 모처럼 밖에서 저녁을 먹기로 했다. 음식을 먹고 있는 중인데, 남녀가 들어와 건너편에 자리를 잡는다. 여인은 중씰한 사내보다 한참 앳되게 보인다. 두 사람의 표정이 각기 다르다. 사내는 여인의 눈치를 보며 흘끔거리고, 여인은 해산한 암고양이처럼 새무룩하고 심란한 표정이다. 난 음식을 먹기보다 두 남녀의 모습을 훔쳐보기에 여념이 없다. 그들은 냉면을 주문해서 먹기 시작한다. 사내는 여인의 눈치를 보더니 주방 쪽을 향해 손짓한다. 소주 한 병, 하고 낮은 목소리로 주문한다. 여인은 고개를 숙인 채 냉면 발을 젓가락으로 깨작거리고 있다. 사내의 얼굴은 문문하고 태평한데 여인은 폭삭 늙고 가년스럽다. 아내도 그들을 흘끔흘끔 바라보더니 무어라고 나직이 알은체를 한다. 여자들의 직감이라 여겨 그럴 수도 있으려니 고개를 주억거린다. 하지만 생각할수록 다른 사연이 있을 것만 같다. 그들은 내내 말 한마디 나누지 않는다. 여인은 입맛이 없는지 몇 번 젓가락질을 하다가 놓는다. 사내는 자작하여 소주 몇 잔을 홀짝인다. 여인이 그만 일어나려 한다. 사내는 황급히 남은 소주를 물컵에 몽땅 부어 단숨에 쭉 들이마신다. 그리고 반죽좋게 소처럼 해죽이 웃는다. 그동안 그들에게 무슨 일이 있었던 것일까. 무슨 생각을 하는 건지 아내도 고개를 숙이고 있다.

딸은 쭈그려 앉아 있는 구중중한 걸인 앞에 서 있었습니다. 이미 걸인의 손엔 우유식빵 한 덩이가 들려 있었고요. 자기 빵을 쪼개 걸인에게 준 모양이었습니다. 그것도 귀퉁이 조금을 떼서가 아니라 절반을 뚝 끊어서 말입니다.

4.
귀를 기울여 보라

귀를 기울여 보라
안과 밖에 대한 상념
그리고 봄의 시작
싸리꽃 필 무렵
바보 연가
닻 또는 덫
화해를 위하여
누굴 닮았느냐

귀를 기울여 보라

"딱 아빠만 생각해!"

이 무슨 앵돌아진 소리인가. 그 자리에 우뚝 서고 말았습니다. 지하상가엔 잰 발걸음소리와 소란한 말소리, 어디선가 흘러나온 노랫소리와 알 수 없는 소리들로 북새를 이루고 있었습니다.

주변을 두리번거렸습니다. 걷던 발걸음을 멈추게 한 말의 출처는 뒤쪽 빵집 앞에 있었습니다. 소녀가 말소리의 주인공이라고 여긴 것은 직감이었습니다. 노란 티셔츠를 입은 앳된 소녀의 손엔 빵이 들려 있었습니다. 그 곁엔 아빠인 듯한 중년 남자가 서 있었고요. 두 사람은 무어라 말을 주고받았지만 더는 들려오지 않았습니다. 아마 빵을 사면서 딸이 목청을 조금 높였던 모양입니다. 아빠가 어땠는데, 무슨 말을 했기에 딸이 무람없이 목청을 높였는지 알 수 없었습니다.

 아빠의 손엔 포장상자가, 딸의 손엔 우유식빵이 들려 있었습니다. 딸이 빵을 사는 데 아빠가 무슨 참견을 했던 걸까요. 아니면 빵집에 오기 전부터 무슨 견해차가 있었는지도 모릅니다. 어쩌면 전혀 그런 것과 거리가 먼 데, 그렇게 귀에 들렸는지도 모를 일이고요. 하나 어떤 이유로 무슨 말을 했든 상관없습니다. 그 말이 귀에 파고들어 발걸음을 멈추게 했다는 게 더 중요했으니까요.

 부녀는 포장상자와 빵을 각기 든 채 내 곁을 스쳐 지나갔습니다. 멈추었던 발길을 옮기며 그들 뒤를 따랐습니다. 가는 방향이 같았으니까요. 왜 발걸음을 멈추게 하였는지 처음엔 알지를 못했습니다. 한데 몇 걸음 걷다가 불현듯, 어느 수도승의 말이 용수철처럼 튀어 오르지 뭡니까.

 '복작대는 데서 세상의 소리에 귀를 기울여 보라, 무슨 소리가 가장 크게 들리는지를. 들리면 그 소리를 화두 삼아 붙들고 곰곰 묵상해 보라, 뜻밖에 삶의 이치나 깨달음을 얻게 될 것이니까.'

 이후 가끔 시내버스에서, 시장거리에서, 백화점에서, 상갓집에서, 결혼식장에서, 복닥대는 길거리에서 귀를 기울인 적이 있었습니다. 하나 온갖 소리가 뒤범벅되어 스쳐 지나갈 뿐, 어떤 소리도 귀 속에 뚜렷이 담기지 않았습니다. 애써 귀를 기울였기 때문이었을까요, 아니면 마음 부족 때문이었을까요. 그 후 관심을 놓고 살다가 서서히 잊히고 말았습니다. 한데 오늘 지하상가를 걷다가 소녀의 그 말소리가 뜬금없이 귀청을 파고들며 발목을 붙들지 뭡니까.

   지하에서 지상으로 올라가기 위해 계단을 오르는데 계단 중간쯤에 그들이 다시 눈에 띄었습니다. 소녀의 노란 티셔츠가 눈에 들어왔던 것입니다. 아빠는 딸보다 세 계단쯤 위에서 딸이 올라오기를 기다리고 있었고요. 서너 발치 앞에서 발길을 또 멈췄습니다. 아까는 뒤에서 들려온 소리에, 이번은 앞에 보인 광경에 발길이 멈춘 것입니다. 딸은 쭈그려 앉아 있는 구중중한 걸인 앞에 서 있었습니다. 이미 걸인의 손엔 우유식빵 한 덩이가 들려 있었고요. 자기 빵을 쪼개 걸인에게 준 모양이었습니다. 그것도 귀퉁이 조금을 떼서가 아니라 절반을 뚝 끊어서 말입니다.

   소녀가 빵과 함께 무슨 말을 건네었는지 걸인의 얼굴에 다순 온기가 돌았습니다. 적어도 제 눈엔 그렇게 보였습니다. 빵 한 덩이로 어찌 주린 배를 채울 수가 있겠습니까. 하나 빵을 근심하는 자는 온기 묻은 빵 한 덩이만으로도 큰 위안과 힘을 얻을 수 있는 모양입니다. 계단을 오르내리는 행인들이 그 광경을 흘끔거렸습니다. 바쁜 걸음으로 또는 느릿하게 스쳐 지나가며 말입니다. 몇 계단 위의 아빠도 딸을 내려다보고 있었고요.

아빠가 들고 있는 포장상자 안엔 과연 무엇이 들어 있었을까요. 빵집에 오기 전 다른 데서 산 물건인 듯싶었습니다. 그게 내처 궁금하기도 했지만 그보다 차츰 부끄러움이 밀려오기 시작했습니다. 좀 전 '딱 아빠만 생각해!', 하던 소녀의 그 말이 머릿속을 지나 가슴게로 서서히 흘러들었기 때문입니다. 아까 아빠가 어쨌는지 궁금하기도 하지만, 소녀의 앵돌아진 그 말을 들어야 할 사람이 어찌 아빠뿐이었겠습니까.

부모가 자식에게, 선생이 제자에게, 연장자가 연소자에게, 배움이 많은 이가 적은 이에게, 부자가 가난한 자에게 꼭 삶의 본이 되는 것은 아닌 모양입니다. 그 앳된 소녀의 행동이 오가는 사람들에게 어떤 생각을 하게 하였을까요. 지하와 지상의 중간 계단에서 식빵 한 덩이를 소녀와 늙숙한 걸인이 주고받는 모습을 보면서요. 생각하면 신기할 것도 새로울 것도 없는 지극히 정상적이고 상식적인 모습인데도 말입니다.

잔돈이 없다는 평계로, 뭇시선이 마뜩잖고 어색하다는 이유로, 걸인에게 돈을 주는 것은 그를 평생 거지로 만드는 일이라는 누군가의 그럴싸한 말에 기대 자신을 합리화하는 주위 사람들을 부끄럽게 하기에 충분했습니다. 소녀는 팔랑팔랑 노란 나비처럼 계단을 뛰어 올라갔습니다. 지하에서 계단을 딛고 더 밝은 지상으로 올라가는 소녀의 뒷모습을 바라보며 우두커니 서 있었습니다. 아직도 귓전에 맴도는 그 말의 갈피를 되작이면서 말입니다.

안과 밖에 대한 상념

쇼윈도

상가를 걷다가 걸음을 멈춘다. 쇼윈도 안엔 마네킹들이 고급 옷을 입고 한껏 포즈를 취하고 있다. 세련되고 화사한 유명 상표 옷들이다. 그들은 보란 듯 밖을 바라보고 있다. 행인들도 발걸음을 멈추거나 지나가며 마네킹을 바라본다. 안과 밖에서 서로 바라보는 꼴이다. 마네킹은 생명이 없고 옷은 한갓 물체일 뿐, 통념으론 쇼윈도 안에 갇혀 있을 따름이다. 한데 어쩌면 갇혀 있는 이는 마네킹이 아니라 밖에서 바라보는 행인들인지도 모르겠다. 과연 유리창을 사이에 두고 정작 어느 쪽이 안이고 어느 쪽이 밖일까. 공간 위치의 차이, 인식에 따라서는 안이 밖이 될 수도 있고 밖이 안이 될 수도 있으리라.

쇠창살

　철통같은 집이다. 고급 주택가를 걷다가 눈길이 머문 곳은 높은 담장이다. 감시 카메라뿐만 아니라 담장엔 겹겹이 철조망이 둘러 있고 곳곳엔 쇠창살이 박혀 있다. 외부인의 근접을 철저히 통제하고 거부하는 완고함이 묻어난다. 저런 집은 철문을 비롯해 집안으로 통하는 모든 문에 경보장치가 설치돼 있을 게 분명하다. 게다가 집 안엔 필시 금궤나 현금을 넣어두는 철제 금고까지 설치해 놓았으리라. 그렇게 해서 안전함을 느낀다면 철조망과 쇠창살은 분명히 그 본연의 임무를 다하는 셈이다. 밖에서 보기엔 답답한 감옥처럼 보이지만, 안에서 편안하고 안전하다고 느낀다면 철조망과 쇠창살이 그게 무슨 대수이겠는가.

새장

　카나리아 새 한 쌍을 키운 적이 있다. 발코니 처마에 새장을 걸어두고 때맞춰 먹이를 넣어주고 물도 갈아 준다. 끊임없이 경쾌하게 울어대며 이리저리 자리를 옮겨 앉는 것을 바라보는 눈 맛과 귀 맛이 여간 좋은 게 아니다. 그러던 어느 날, 새장 안을 들여다보다가 놀라고 만다. 헤집고 보아도 새 한 마리가 보이질 않는다. 어찌 된 영문인지 새장이 조금 열려 있다. 먹이를 주고 새장 문고리를 단단히 채우지 않은 것일까. 아니면 새가 부리로 문을 딴 것일까. 집 식구들에게 수소문해 봐도 모두 고개를 저을 뿐이다. 하지만 한 마리는 고개를 갸우뚱하며 새장 안에 그대로 앉아 있다. 밖으로 날아간 카나리아는 안쪽이 답답했을까. 한데 한 마리는 무슨 생각으로 새장 안에 저렇게 얌전히 남아 있는 것일까.

우리

저편에서 짐승 울음이 들려온다. 소리로 보아 맹수임이 분명하다. 공원을 맴돌다가 동물원 쪽으로 걸어간다. 기린과 원숭이를 지나고 사슴과 곰을 스쳐 모퉁이를 돌아서니 울음의 주인공은 거기에 있다. 굵은 쇠창살 우리 안엔 수사자가 먹이를 시름없이 씹고 있다. 먹기를 마친 후 나무 그늘에 앉아 하품을 두어 번 하더니 눈을 감는다. 야생의 본능을 상실한 지 이미 오래다. 갈기가 듬성듬성 빠진 지질한 사자는 쇠창살 안에 갇혀 있는 게 아니라 우리 안에 잘 적응돼 길들어 있다. 이젠 갇혀 있다는 사실조차 망각한 모양이다. 좀 전 배가 고파 먹이를 달라고 잠시 투정을 부렸을 뿐일 게다. 처음엔 접근하기가 두려웠지만 이내 그의 물색없이 무너진 몸짓에 눈길을 돌리고 만다.

방

　그 소년은 늘 혼자다. 집 밖으로 나가거나 타인과 접촉을 꺼린다. 결국 학교조차 그만두고 방안에서 혼자 지낸다. 밖은 식사 때와 화장실 갈 때뿐이다. 때론 끼니조차 방 안으로 넣어줄 때도 있다. 제 방에 틀어박혀 컴퓨터로 오락하거나 만화책을 읽는 게 고작이다. 겨우 말을 붙이거나 심경을 물어봐도 배돌며 건성으로 대답하거나 침묵할 뿐, 더는 대꾸를 하지 않는다. 그의 눈빛은 초점이 흐리고 때론 불안하게 흔들리곤 한다. 병원에 가서 진찰을 받고 약을 꾸준히 복용해도 호전되지 않는다. 밖이 두려워 자신을 안에 유폐시킨 것일까. 그에게 안은 무엇이고 밖을 왜 두려운 건지 모르겠다. 그가 방 밖으로 나오기 위해선 자신의 안과 밖이 어떻게 화해해야 하는 걸까.

영창

　군 복무 시절에 이틀 동안 독방 영창에 갇힌 적이 있다. 본의 아니게 업무상 실수를 범해서다. 선임병 조장은 쉬는 셈치고 편히 지내라며 등을 다독인다. 쇠창살을 살피에 두고 옆방엔 다른 병사가 갇혀 있고 창살 밖엔 영창 근무자가 있다. 옆 병사는 낮인데도 태평하게 쪼그려 앉아 잠까지 잘도 잔다. 밖의 근무자 또

한 느긋한 자세다. 그처럼 편했으면 좋으련만 왠지 차츰 마음이 무거워진다. 시간이 지날수록 가슴이 짓눌리고 답답해지며 밖으로 뛰쳐나가고 싶다. 애써 안쪽은 자유이고 바깥쪽이 외려 구속이라 여겨보지만 밤이 깊어갈수록 답답증은 심해 간다. 눈앞에 가로놓인 쇠창살을 의식한 때문이다. 뜬눈으로 밤을 새우고 만다. 결국 밖은 자유이고 안은 어김없는 구속이다. 의식의 길항, 눈앞의 쇠창살을 받아들이거나 걷어내는 일은 결국 마음의 몫이다.

시내버스

정류장에서 버스가 멈춘다. 연세가 높은 할머니 한 분이 차에 힘겹게 오른다. 경로석을 비롯해 이미 빈자리가 없다. 할머니는 두어 발짝 옮겨 앳된 그녀 앞에 서서 의자 등받이를 가까스로 잡는다. 이십 초반의 그녀는 귀에 이어폰을 꽂고 휴대전화만 열심히 들여다보고 있다. 시내버스가 정차하거나 출발할 때마다 차가 흔들려 불안하다. 마침 그녀 뒤에 앉은 중년의 사내가 일어선다. 사내는 목적지에 다가온 모양인지 출구 쪽으로 이동한다. 노인네는 휘청대며 얼른 다가가 겨우 그 자리에 앉는다. 뒷자리에서 이를 바라보는 사람들은 흔한 일상처럼 무감각하고 무덤덤할 따름이다. 속으로 앳된 그녀를 탓하고 중년 사내에게 박수를 보내며, 난 뒤편에 있었으니 어쩔 수 없지 않으냐며 합리화한다. 버스가 멈추고 가기를 또 두어 차례 하는데도 사내는 내릴 기색이 보이지 않는다. 눈 밖의 상황에 대해 사내와 나의 속마음은 이렇게 달랐던 것인가.

과연 유리창을 사이에 두고 정작 어느 쪽이 안이고 어느 쪽이 밖일까. 공간 위치의 차이, 인식에 따라서는 안이 밖이 될 수도 있고 밖이 안이 될 수도 있으리라.

그리고 봄의 시작

　민서가 그렇게 맥없이 보인 적은 처음이었습니다. 늘 쫑알대고 팔랑거리던 민서였는데 말입니다. 제 엄마와 함께 엘리베이터를 탈 때 종종 마주치곤 했는데, 그날은 민서 혼자였습니다. 머리에 꽂은 나비 핀도, 입에 물고 다니던 막대사탕도 보이지 않았습니다. 짚이는 데가 있어 짠한 마음이 들었습니다.
　"왜 이렇게 눈이 예쁠까, 민서는?"
　민서를 달래줄 요량으로 말을 슬쩍 내비쳤습니다. 하지만 민서는 쳐다보지도 않은 채, 신발 끝으로 엘리베이터 바닥만 툭툭 차더니
　"아저씨, 울 엄마 어디 간 줄 알아?"
　민서의 말에 대답이 궁색하여 어물거리는데 답답했던지

"할머니가 그러는데 민서 맛있는 거 사러 갔대."

"그래 좋겠다, 엄만 언제 오시는데?"

"그건 나두 몰라."

엘리베이터가 멈추자 민서는 예전과는 다르게 아무 말도 없이 내렸습니다. 인사성이 밝고 명랑하던 민서의 모습은 온데간데없었습니다. 노란 유치원복을 입은 민서의 뒷모습과 오렌지색 니트를 즐겨 입던 민서 엄마의 앞모습이 갈마들었습니다. 어둑발이 내릴 무렵, 저편 놀이터 부근에서 민서 엄마가 낯모를 사내와 앉아 있는 광경이 몇 차례 목격되었다던데, 어느 날 가뭇없이 종적을 감춘 지 벌써 달포나 지났다지 뭡니까. 민서가 날마다 엄마를 애타게 찾을 만도 하겠습니다. 며칠 후, 엘리베이터를 타고 내려가는데 문이 열리며 풀 죽은 민서가 엘리베이터 안으로 들어왔습니다.

"민서야, 어딜 가니?"

인사는커녕 말대꾸도 하지 않기에 키를 낮춰 민서와 눈을 맞추고 앉았습니다. 두 볼에 눈물 자국이 말라 있었습니다. 혹시 칭얼대다가 아빠나 할머니로부터 야단을 맞은 것은 아닐는지 걱정이 되었습니다. 예쁜 눈에 금세 눈물이 그렁한 채

"아저씨, 울 엄마 간 곳 알어?"

"……."

"알고 있지?"

"응, 알어."

순간, 물 먹은 민서의 눈빛이 반짝 빛났습니다. 난 얼결에 거짓말하고 말았습니다. 모른다고 말할 틈이 없었습니다. 민서의 손등이 벌써 눈가를 훔치고 있었기 때문이었습니다. 사실 오늘은 민서의 눈이 더 예뻐졌다고 말해 주려 했는데, 그렇게라도 해서 민서를 달래주려 했는데 말이 엉뚱하게 빗나가고 말았습니다.

"증말?"

"……응."

"그럼, 울 엄마한테 말해 줘. 사탕 사달라고 조르지 않을 테니 집에 빨리 오라구."

"응 알았어, 만나면 그렇게 꼭 말해 줄게."

민서에게 대책 없는 회다짐을 하고 말았지요. 그 후부터 난 본의 아니게 도피자가 되고 말았습니다. 먼빛으로라도 민서가 보이면 발걸음을 멈추거나, 잰걸음을 쳐서 일부러 피하곤 했습니다. 엘리베이터를 탈 때도 민서를 만나게 될까 봐 두리번거리며 조바심이 났습니다. 나로서는 민서에게 무슨 말을 해야 할지 아직 준비를 못 했기 때문이었습니다.

어떤 땐 피할 새도 없이 마주쳐서 틀림없이 전했느냐고 다그치는 민서에게 당치도 않은 말로 또 둘러대기조차 했습니다. '좋은 소식은 늦게 온다.'라는 알아듣지도 못할 말 따위가 민서에게 무슨 위로가 될 수 있겠습니까. 늦은 소식일수록 목발을 짚고 올 가능성이 크다는 사실을 뻔히 알면서도 말입니다.

도대체 민서는 언제 눈치가 생기려는 것일까요. 어쩌면 이미 눈치를 채고 대책 없이 보채는 것인지도 모르겠습니다. 근데 새로운 길을 택한 민서 엄마는 요즘 어디에서 어떻게 지내고 있는 걸까요. 기왕 내친걸음이니 잘 지내야 할 텐데요. 무슨 일이 있었는지는 모르겠지만, 민서 엄마로서는 고민 끝에 결정한 길이었을 테지요. 그런 엄마의 선택 때문에 민서도 이제 새롭게 시작해야 할 텐데, 그게 엉뚱하게도 내 고민까지 끌어들였지 뭡니까. 다음번에 맞닥트려서 또 민서가 물어오면 그땐 뭐라고 말해줘야 할지 지레 걱정이 앞섭니다. 시방 봄은 샛노란 산수유 꽃을 앞세우고 무어라 중얼대며 달려오기 시작하는데…….

싸리꽃 필 무렵

저게 누구인가. 숲의 강에서 찌처럼 오르락내리락하는 저 사람이 누구란 말인가. 눈에 설지 않은 뒷모습, 늙숙한 사내 절쑥거리며 산길을 걸어 내려가고 있네. 근자 들은 바 있어 짚이는 사람이다. 할머니의 무덤 앞, 서늘한 햇살이 비껴든 혼유석(魂遊石)에 홍싸리꽃 두어 가지와 빈 술병이 놓여 있다. 그래 만조 아재로구나.

삼봉산 자락 산촌에 만조가 흘러든 것은 열 살 무렵이었다. 뜬금없는 사고로 부모를 한꺼번에 잃고 끈 떨어진 신세가 된 만조는 읍내 장터 국밥집에서 손대기로 있었다. 한데 주인마누라의 구박을 보다 못한 지물포 주인이 금령댁을 붙잡고 딱한 사정을 풀어놓았다. 생각 끝에 금령댁은 일가붙이라며 만조를 빼내 집안으로 데리고 들어섰다. 제수 마련하러 장에 간 사람이 구중중한 낯선 아이를, 게다가 절름발이를 끌고 집에 들어왔으니 누군들 반기겠는가. 금령댁은 지아비로부터 된통 지청구를 들었지만 통사정하여 가까스로 만조를 외양간 머슴방에 들였다. 사고무친 만조를 꼴머슴 구실삼아 거둬주고 싶었던 거였다.

늘 '만조야 만조야 하며 친자식들과 분별없이 챙기고 다독였던 금령댁. 그 그늘 아래서 어느새 코 밑이 거뭇해지고 뼈대가 굵어져 제법 사내 꼴을 갖춘 만조, 스물 댓 살의 사내가 되었다. 그날 해질녘 만조가 싸리나무 붉은 꽃가지를 지게 풀짐 위에 꽂고 돌아오는 것을 지긋이 바라본 금령댁은 마음을 굳혔다. 금령댁은 자신이 좋아하는 홍싸리꽃보다는 만조의 벌겋게 물든 가슴을 엿보았기 때문이었다. 만조에게 짝을 찾아주어야 할 때가 되었는가보다 여겼다.

마을에 들락거리는 소반 장수에게 말을 넣어 처자 하나 물색한 후 만조를 안방으로 불러들였다. 이어 텃밭 옆에 방 한 칸과 이부자리 마련하고 개다리소반에 솥단지 걸어 살림을 내주었다. 사모관대와 원삼 족두리는 없었지만, 비록 처자가 살짝곰보였지만 신랑 또한 내세울 게 없는지라 고르고 따질 처지가 아니었다. 인연 맺어 살붙이고 살다 보니 간간 웃음소리 번져 나오고 몇 가지 세간도 들였으며 딸도 하나 낳았다. 그런 만조네를 건너다보며 금령댁은 사뭇 흐뭇하기만 했다.

한데 어느 때부터 만조 입에서 한숨 소리가 새어나오기 시작했다. 이슥한 밤인데도 밖에서 서성이는 만조의 그림자가 어른거렸으며 아낙의 울음이 앙알앙알 밖으로 흘러나왔다. 금령댁은 궁금 반 걱정 반으로 다그치자 만조는 지랄병이 들었다며 투덜댔다. 이를 어쩐담, 간질병이 도졌구나. 차츰 아낙은 횡설수설하며 방바닥을 나뒹굴기도 하고, 토악질하다가 게거품 물고 눈자위 뒤집힌 채 나자빠지곤 했다. 금령댁은 보다 못해 아낙을 데리고 읍내 병원 출입을 해보았지만 별 차도가 보이질 않았다. 아낙은 자지러지고 바르작거리다가 기어이 일을 저지르고 말았다. 작살비 오던 대낮, 만조가 논 물꼬를 보러 간 사이 방문 고리를 안에서 걸어 잡고 입에 독약을 털어 넣고 말았다. 아낙의 통절과 어린 딸년의 울부짖는 소리에 동네 사람들이 몰려들었을 때는, 툭 하는 둔탁한 소리만 남긴 채 동백꽃처럼 통째 떨어진 후였다. 웅성대는 동네 사람들 너머엔 상기도 목 놓아 우는 딸년의 울음소리만 빗속에 낭자했다. 만조는 입을 꾹 다문 채 제 손으로 아낙을 산자락에 평토장으로 묻고 말았다.

떼꾼한 눈으로 산자락 쪽만 바라보는 만조를 보다 못해 금령댁의 발걸음은 다시 바빠졌다. 친정 갯가까지 가서 수소문 끝에 반벙어리 앳된 색시 한 명 데려왔다. 한데 서로 말귀가 트이며 오순도순 살 때쯤, 색시는 산에서 캐온 독버섯을 잘못 먹고 손수레에 실려 병원으로 가는 도중에 죽고 말았다. 만조는 땅바닥에 주저앉아 넋을 놓고 말았다. 이듬해, 금령댁은 또 아랫마을에 사는 젖먹이 하나 딸린 젊은 과부에게 넌지시 말을 넣어 세 번째로 맞아들였다. 한데 그 과부는 먼 산 바라기 일쑤더니 석 달도 되기 전에 우물 파러 다니는 타관 사내와 눈 맞아 콩밭에 삼태기와 호미 자루 내던지고 줄행랑을 놓고 말았다.

어깨가 주저앉은 만조는 밤낮으로 강소주를 마셔 대기 시작했다. 금령댁의 다독임에도 투덜대기만 할 뿐, 한 점 혈육 딸년조차 돌아보지 않았다. 일손을 놓아버린 채 술에 빠진 만조는 어느 날부턴가 밤이면 유리 등불을 밝혀 처마에 매달아 놓은 삼거리 주막집으로 향했다. 치맛자락 추어올리고 박가분 허옇게 바른 주모와 수작을 떨며 술독에 빠지기 시작했다. 무슨 꿍꿍이속인지 그때마다 남편 곱사둥이는 주막에서 나와 신작로 미루나무 밑에 쭈그려 앉아 반딧불이 마냥 깜박깜박 줄담배만 태우고 있었다. 아주까리기름 바르고 궁둥이 흔들며 오가는 사람 방으로 불러들여 주머니 속을 알겨내는 주모가 어떤 짓을 부리는지 소문이 자자한 터라 금령댁은 걱정이 갈수록 쌓였다. 자정이 넘도록 기다렸다가 만조를 붙잡고 달래며 나무라기도 했지만 만조는 이미 주모에게 홀라당 빠진 후였다. 병 깊어 몸져 누워버린 금령댁으로서는 더는 만조를 붙들거나 손을 쓸 기력이 없었다.

무논에서 개구리 짝자글 울던 날 밤, 만조는 한마디 말도 없이 마을을 떠나고 말았다. 밭떼기 몇 자락 사려고 그동안 뼈품 팔아 묶어두었던 새경은 곱사등이 마누라 치마 속에 통째 바쳐버리고만 후였다. 금령댁은 며칠을 두고 가슴 움켜쥐더니 병이 더쳐 그만 눈을 감고 말았다. 기댈 데라곤 없는 만조가 가면 어디로 갔겠는가. 출상 날 상여 오르던 산자락 저편에서 서성이던 만조를 보았다는 사람이 있을 뿐이었다. 금령댁 부고가 근동에 돌았을 때 어찌 얼굴 밀고 동네에 들어설 수 있었으랴. 그리고 몇십 년의 세월이 흘렀다. 한데 이태 전부터 금령댁 무덤가에 가끔 서성이는 한 늙수한 사내의 모습이 마을 사람들 눈에 띄기 시작했다.

허어 만조 아재! 홍싸리꽃을 혼유석에 놓고 금령댁과 뒤늦게 마주하였구나. 그 세월 눌러두었던 속울음을 오랜만에 쏟아냈을까. 술 한 병은 금령댁에게 올리고 한 병은 독작하면서 모진 실타래 풀어냈겠지. 하여 낮술에 걸음걸이가 저리 절쑥절쑥 오르락

내리락하였구나. 산다는 것은 때론 살아온 날들을 지우는 일, 산을 오르고 내리며 무엇을 한탄하고 무엇이 지워지기를 바랐던 것일까. 꽃상여 타고 금령댁이 오르던 그 길을 만조 아재 되짚어 내려가네. 구국구국 멧비둘기소리 들려오는 바람 찬 가을 속을 절쑥거리며 내려가는구나.

산다는 것은 때론 살아온 날들을 지우는 일, 산을 오르고 내리며 무엇을 한 탄하고 무엇이 지워지기를 바랐던 것일까.

바보 연가

예고 없이 떨어진 운석, 그건 낯선 비보였습니다.

C형, 그가 뒷산 바위에서 허공에 몸을 던졌다는 속보를 전하던 그날, 텔레비전 화면에서 진종일 눈을 뗄 수가 없었습니다. 무언가 잘 못되었다는 생각이 머릿속을 하얗게 채웠습니다. 다음 날 아침, 마주친 형의 풀어진 눈빛을 기억합니다. 삶의 가치는 스스로 세워 가야 한다며 늘 지위와 명예와 체면을 중히 여기는 형이었는데 말입니다. 살아생전, 품위가 없는 사람이라며 그의 직선적이고 가벼운 언행을 질타하곤 하였지요. 한데 그의 투신 앞에 허영허영한 눈빛을 감추지 못하다니요. 의아할 수밖에 없었습니다. 부정에 연루돼 측근과 가솔들을 보호하기 위해 도피한 것이라는 말이 먼저 튀어나올 줄 알았는데 말입니다. 한데

형은 그저 입을 닫아걸고 망연자실할 뿐이었습니다. 궁금합니다. 그때 왜 그랬는지.

그의 꿈과 이상은 돌풍에 휩쓸러 가고 말았는데 도저한 추모 물결의 정체는 무엇이었을까요. 무엇이 사람들을 따가운 햇볕 아래로 모이게 하고, 오랜 시간 조문의 기다림마저 마다하지 않았을까요. 수백 곳의 분향소에 수백만의 추모객, 발인 때 하늘을 노랗게 물들인 종이비행기, 노제 때 광장을 가득 메운 사람 물결을 보셨겠지요. 한 사람의 죽음이 세상을 그토록 출렁거리게 한 적은 흔치 않았다지요. 살아생전 그에 대한 애증의 부피를 훨씬 뛰어넘는, 보통사람들의 가치와 희망, 고통과 상처, 그리고 다양한 정서적 동질감이 투영된 현상이 아닐는지요.

눈물은 말 없는 슬픈 언어, 진실은 때로 사람을 고독하게 만들기도 하는 모양입니다. 추모 행렬 속엔 고독한 섬뜩함이 일렁였고, 삶과 죽음이 어우러진 광장은 찬란한 번뜩임이 스며있었습니다. 추모객 모두가 상주였고 해맑은 하늘이 만장이었으며 소슬바람이 진혼곡이었습니다. 이처럼 죽음이 삶보다 더 반짝이는 때도 있는 모양입니다.

스스로 몸을 꺾어 던진다는 게 어찌 쉬운 일인가요. 신에 대한 거역이며 가족과 주위에 깊은 상처를 주는 일이지요. 이는 자신을 죽이는 죄악이고요. 하기에 자신의 숨결을 거두는 자는 역설적이게도 그만한 신념과 용기가 필요하겠지요. 도피나 회피가 아닌 일이라면 더더욱 말입니다. 진정 목숨을 던져야 한다면 그만한 명분이 충분해야겠지요. 한데 그의 명분은 무엇이었을까요. 밥도 못 먹고, 잠도 못 자고, 책도 못 읽고, 쓸 수도 없는 지경이 되었다고 하였다지요. 그렇다고 투신의 길밖에 없었을까요. 기실 그는 주변과 측근들의 부적절한 행위에 고개 숙여 사과하며 부끄러워했습니다. 어쩌면 그의 투신은 부끄러움을 닦아내고자 하는 처연한 몸짓이었거나, 아니면 또 다른 진실을 향한 절규이었는지도 모르지요.

  그가 원했던 것은 '사람 사는 세상'이었다지요. 별명 중에서 바보가 제일 마음에 들었답니다. 어쩌면 그러한 바보의 죽음이었기에 눈물을 뿌리게 하고 추모의 발길을 불러들이지 않았을까요. 치자(治者)는 바보 정신으로 정치를 해야 나라가 잘 될 거라고 그는 말했다지요. 그 바보 정신은 모두 함께 사는 인간적인 세상이었을 것이며 효율과 경쟁, 물질과 권위에 대비되는 가치였을 것입니다. 그가 국회의원으로서 의정 단상에서 했던 말을 기억하는지요. '제가 생각하는 이상적인 사회는 더불어 사는 사람 모두가 입는 것, 먹는 것 이런 걱정 좀 안 하고, 더럽고 아니

꼬운 꼬락서니 좀 안 보고, 그래서 하루하루가 신명나게 이어지는 그런 세상이라고 했습니다. 이런 그의 바보 정신은 보통 사람들의 행복을 향한 유별난 산고(産苦)와 부침(浮沈)의 시작이었겠지요.

그의 공과를 들먹이고 싶지는 않습니다. 역사가 판단할 일이니까요. 본인도 실토한 바가 있듯이 그의 통치는 실정(失政)에 가까웠습니다. 하나 적어도 자신의 실책과 약점을 인정할 줄 아는 사람이었습니다. 강물 같은 추모 행렬은 순수와 진정성, 실패가 불러온 애달픈 서민 정치에 대한 향수이며, 속절없이 쏟아진 애도의 눈물은 어설펐으나 솔직하고 투박했던 그의 비정한 선택이 야속하다는 하소연이었는지도 모릅니다.

먹을 것이 없어서 까마귀도 울고 갔다는 봉화 마을 빈농의 자식, 고졸 출신의 인권 변호사, 비주류로 현실에 맞서 원칙과 소신을 지키고자 했던 원칙주의자, 학벌과 연줄과 돈이 없어도 최고 통치자가 될 수 있다는 서민들의 희망, 순수 이상주의자, 누구보다 치열했던 삶, 닭똥집에 소주를 마시고 싶어 했던 소탈하고 서민적인 통치자, 적자생존과 승자독식이라는 정글의 법칙보다는 상생과 공존을 앞세우자 하였던 평화주의자, 밥과 기회를 나누는 정의의 실현을 꿈꿨던 보통사람이 그였습니다. 파격적일 정도로 솔직한 언행과 소통을 위한 맑은 귀와 꾸밈없는 표정에서 사람 냄새가 배어 나오는 이 시대의 흔하디흔한 보통 사람이었지요.

열네 줄의 남긴 글, 이는 그의 내밀한 고백이자 치열했던 생의 마지막 언어였습니다. 누구도 원망하지 말라고 했다지 않습니까. 그 이유를 운명이라고 했고요. 운명을 원망하지 않고 받아들인다는 것은 도피나 패배주의가 아니라 자기희생에 속하는 일이지요. 화장하되 집 가까운 곳에 작은 비석 하나만 남기라고 당부했다지요. 빗돌은 공훈을 적기 위한 현재가 아니라 미래를 위한 표지겠지요.

산화한 그의 넋은 시방 유월의 찔레꽃으로 피어나고 있습니다. 육신은 바위 아래로 떨어졌지만 정신은 보통 사람들로부터 드높여졌습니다. 갈수록 그의 부재가 실감이 납니다. 그는 이승의 어깨 짐을 벗었습니다. 이제 그를 위해 슬퍼할 일이 아니라, 살아있는 우리 자신을 위해 눈물 뿌려야 할 때입니다. 그가 벗은 어깨 짐은 곧 이 시대의 누군가가 다시 져야겠지요. 그의 생명공양(生命供養)의 대가로 우리는 삶의 방식에 대해 다시 눈을 떠야 하겠지요. 보통 사람들의 세상을 꿈꾸다 허공에서 맞닥뜨린 그의 운명이 어떤 것이었는지를 그를 보내고 돌아선 다음 사람들은 깨닫기 시작했을 겁니다.

　구태여 슬픔에서 벗어나려고 애쓸 필요는 없겠지요. 슬픔은 오래 가지 않으며 눈물만큼 빨리 마르는 것이 없으니까요. 하지만 쉬 잊혀서는 안 되겠지요. 설령 머릿속에서는 잊힐지라도 가슴에 새겨진 무늬야 잊히겠는지요. 결국 슬픔에 지고 말든지 그것에 익숙해지든지 하겠지만 이 슬픔의 화인(火印)만은 간직해야겠지요. 설령 그의 투신이 도피라 할지라도 진정성으로 받아들여 메마른 삶을 승화시켜야 하지 않을까요. 진실은 늘 가까운 곳에 있지 않던가요. 다만 사람들이 주의를 기울이지 않을 뿐이었지요. 작은 비석 하나, 애달픕니다. 그의 유골함은 북미산 향나무로 만들어졌답니다. 비록 나무지만 백 년이 지나도록 썩지 않는다지요. 그는 죽어서 다시 살아난, 바보 같은 사람이었습니다. 맑은 생명이니 그의 정신만은 새로이 피어나기를 간구해 봅니다. 그가 간 지 벌써 달포가 지나고 있습니다. 거듭 궁금합니다. C형, 그의 넋이 이젠 어떤 빛깔로 보이는지요.

닻 또는 덫

건널목 앞에서 차를 잠시 멈추고 저편을 바라본다. 한길 가에서 기다리고 있는 막내숙부 내외가 눈에 띈다. 큰숙부의 막내딸 혼사에 모시고 가기로 했는데 시간 맞춰 나와 계신다. 회갑을 훌쩍 넘기신 숙부님, 오래된 양복과 후줄근한 넥타이가 빌려 입은 듯 헐렁하여 어색하다. 숙모님 또한 양산도 없이 미루나무 밑에 서 있는 모습이 그늘져 보인다.

아내가 차 문을 열고 두 분을 뒷자리로 모신다. 숙모님의 얼굴을 차 안 거울로 슬며시 바라본다. 여전히 밝은 기색은 아니다. 강파르고 맵짠 세월의 흔적이리라. 늘 다툼이 잦았던 두 분, 부부 되어 늘 싸우기보다는 옥상 한쪽에서 혼자 사는 게 더 낫다는 말이 문득 떠오른다. 부부싸움은 칼로 물 베기라 하지만 그런 것만도 아닌 모양이다. 물도 자주 베다 보면 결이 흐려지기 때문인가.

"더 젊어 보이십니다, 숙모님. 요새 무슨 좋은 일이라도 있으신가요?"

짐짓 위로 삼아 하는 말에, '내가 잘해 줘서 그렇지.' 하고 숙부님이 물색없이 끼어든다. 숙모님은 금세 샐쭉한 표정으로 자세를 고쳐 잡더니

"아이고, 두 번 잘해 줬다간 처녀 되것수."

되알지지만 예전보다는 조금 누그러진 말투다. 세월이 엮어놓은 묵은 정 때문일까. 부부애란 아름다운 오해에서 출발하여 참담한 이해에 도달하는 것, 예전 같으면 대꾸는커녕 쳐다보지도 않았을 두 분이다. 안도의 숨이 나온다. 두 분은 애초 아귀가 맞지 않은 결혼이었다.

그때, 삼촌은 부모에게 한 마디 상의도 없이 대학을 중도에 때려치우고 집으로 돌아왔다. 혼자 글을 쓰기 위해서였다. 날마다 골방에 틀어박혀 책을 읽거나 뒷산 너머 저수지에 가서 우두커니 앉아 있기 일쑤였다. 골방 안은 늘 담배 연기로 자욱했고 널브러진 책들과 습작 원고지만 어지럽게 나뒹굴었다.

그러던 어느 날, 입영통지서가 나오자 삼촌은 논산 훈련소로

훌쩍 떠나고 말았다. 할머니는 그런 막내아들 때문에 애를 닳았는데 몇 달 후 또 날벼락 같은 소식이 날아들었다. 부대에서 온 편지인데 출국 날짜가 내일 아침이라는 것이었다. 출국이라니, 내남없이 안 가려고 발버둥치던 월남 전쟁에 전투병으로 자원했다는 것이다. 그렇게 삼촌은 가족의 배웅도 없이 전쟁터로 혼자 소풍 가듯 떠났다.

삼 년 후, 삼촌은 다행히 전쟁터에서 살아 돌아왔지만 다시 골방에 틀어박혀 소설 쓰기에 여념이 없었다. 그런 시동생이 안쓰러웠던지 어머니가 나섰다. 결혼을 하게 되면 생활이 바뀌거나 안정될까 해서였다. 여기저기 신붓감을 수소문하여 맞선자리를 마련했지만 번번이 허사였다. 애초부터 삼촌은 결혼할 의사가 전혀 없었던 것이다. 하지만 횟수가 거듭되면서 삼촌은 할머니와 어머니의 볶임에 못 이겨 모든 것을 형수에게 맡기겠노라 하며 체념했다. 결국 삼촌 대신 맞선 본 어머니의 권유로 얼굴도 모르는 여자와 날짜를 잡고 혼례를 치러 가정을 이루었다. 그래도 무슨 마음이 들었던지 결혼 후에 취직 준비를 하여 합격 후 공직 생활을 시작하였다. 하지만 그후 내내 혼례를 올렸던 그 결혼식장 근처에도 가기 싫어했다.

거울로 숙부님의 모습을 바라보니 흐르는 차창 밖에 눈길을 던겨두고 있다. 광주에서 목포까지 가는데 목적지의 8할쯤 온 길, 숙부님 내외의 인생 여정쯤이다. 예식 시간이 넉넉해서 말을 뺐다. '숙부님, 짬이 있으니 읍에서 차나 한 잔 하고 가시지요.' 숙부님 내외가 혼례를 치렀던 그 소읍이다. 아내가 숙모님을 바라보며 내 말을 거들었다. 두 분은 서로 눈치를 살폈다. 됐다 싶어 차를 읍내 길가에 세워두고 그 결혼식장 곁에 있는 찻집으로 찾아들었다. 숙모님이 흠칫 머뭇거리는 눈치를 보였다. 공교롭게도 어머니가 숙모님 될 처녀와 맞선을 보았던 그 찻집이었다. 혼자 결정하는 것은 여전하였다. '난 커피 저 사람은 오렌지 주스', 숙부님의 일방적인 주문에 드디어 숙모님은 혼잣말처럼 뇌었다.

"조카들, 내 말 좀 들어 봐. 다 알겠지만 내가 어떻게 이 세월을 살아왔는지 굴러 왔는지 몰라. 왜 그때 한 번도 보지 못한 사람하고 살 마음을 먹었는지 원. 지금 생각해도 그게 인연이었는지 운명이었는지 모르것어. 그런 세상도 아니었는데. 내참, 근데 오늘 이곳에 다시 오게 될 줄 꿈에도 몰랐네……."

숙모님은 슬며시 숙부님을 바라보고 숙부님은 묵묵히 스푼으로 커피만 젓는다. 결혼은 새장과 같은 것이라 했던가. 밖에 있는 새들은 그 속으로 들어가려고 기를 쓰고, 속에 있는 새들은 밖으로 나가려고 애를 쓰는. 한 켤레 같은 결혼이야 어찌 그리 흔하랴. 남편은 그물을 만들고 아내는 바구니를 만들려고 하기에 서로 엇나가는 게 아니랴. 이제 두 분은 서로에게 탈색된 연민만 남은 듯싶다. 처음엔 어떤 감정으로 출발했든 결국 연민으로 남는 게 결혼이 아니던가. 어쩌면 연민은 사랑보다 더 높은 단계의 감정일는지도 모른다.

찻집에서 나와 식장으로 차를 몰며 사촌 누이를 떠올려 본다. 누이는 결혼이 천국일 수도 지옥일 수도 있다는 것을 어렴풋이나마 알고 출발하는 것일까. 뒷자리에서 간간 숙모님의 푸념이 낮게 이어진다. 그때마다 숙부님은 마른기침만 해댄다. 묵은 세월을 풀어내는 숙모님의 말씀을 들으며 옆자리의 아내가 나를 흘깃 바라본다. 어찌 우리라고 결혼의 울타리에서 벗어날 수가 있었으랴.

결혼이란 짝을 찾기보다 짝이 되어 주어야 하고, 권리를 배분해서 의무를 두 배로 늘려야 한다는 데 말이다. 정작 스무 번이고 백 번이고 고뇌 끝에 한 결혼이었는지, 생활해 오면서 상대를 이해하는 극한의 점이었는지, 결혼 후에는 한쪽 눈을 감으라 했는데 두 눈을 부릅뜨고 다그치지는 않았는지 되뇌어 본다. 낯선 남녀가 만나 둥지를 틀고 생을 운용하는 방법에 따라 결혼은 닻이 되기도 하고 덫이 되기도 한다. 결혼은 어쩌면 생에서 그 어떤 일보다 유치한 실수를 겪으며 수많은 수습이 필요한 일이지 싶다. 하여 꾀꼬리는 성채 안에서 자유로운 법을 배우고, 성채는 꾀꼬리에게 성문 여는 법을 배워야만 하는 게 남녀 간의 결혼이 아닐는지.

목적지에 도착하여 식장으로 들어선다. 입구엔 신혼부부를 태우고 떠날 승용차가 꽁무니에 깡통을 매단 채 햇살에 실눈을 뜨고 있다.

　낯선 남녀가 만나 둥지를 틀고 생을 운용하는 방법에 따라 결혼은 닻이 되기도 하고 덫이 되기도 한다. 결혼은 어쩌면 생에서 그 어떤 일보다 유치한 실수를 겪으며 수많은 수습이 필요한 일이지 싶다.

화해를 위하여

　오솔길, 새 한 마리 땅 위에 앉아 있다. 걸음을 멈추고 묵연히 바라본다. 산에서 사는 놈인데 마을까지 내려와 나뭇가지도 아닌 맨땅에 앉아 있다니. 길섶에 하얀 개망초꽃이 무덕무덕 피어 있어 뺨에 박힌 갈색 반점이 도드라져 보인다. 직박구리다. 주로 나무 위에서 살기에 땅에서는 보기 드문 텃새인데 궁금하다. 뱃속이 무거운 걸까, 먹이를 찾기 위해 내려온 걸까. 아니면 잠시 땅에 머물고 싶었는지도 모른다. 눈길이 마주치자 포르르 공중으로 솟아올라 숲 속으로 향한다. 날갯짓하는 직박구리의 꼬리를 따라간다.
　젊을 적, 생태지도를 들고 섬진강의 발원지와 종착지를 눈여겨 살펴본 적이 있다. 물줄기는 전북 진안 마이산 줄기에서 발원하여 남도의 들녘을 적시며 오백 리 길을 굽이굽이 잇다가 광양만까지 달려 남해로 흘러든다. 언젠가는 그 물줄기를 좇아 바다에 이르는 길목까지 따라가 보고 싶었다. 하여 해마다 철마다 강줄기를 찾아 나서곤 했다. 하지만 종착지까지는 가보지 못하고 보성강과 곡성 압록, 지리산 피아골에서 흘러내리는 물줄기 근처에서 감돌고 있을 뿐이다. 인생 장년기에 아직도 섬진강 중류를 벗어나질 못하며 바장거리고 있는 셈이다.

 강 상류 쪽으로 눈길이 갈 무렵, 마음에 든 아파트를 분양한다는 광고가 났다. 마음을 결정하고 찾아갔을 때는 이미 분양이 끝난 후였다. 한데 맨 밑층과 꼭대기 층이 벌써 매물로 나와 있었다. 층수가 마음에 안 들었을까. 한데 뜻밖에도 웃돈을 요구하였다. 돈을 얹어서라도 계약을 하고 싶었다. 결국 위로 올라가고 싶어 꼭대기 층을 선택했다. 밑층은 짓눌리는 느낌이어서 답답하지만 꼭대기 층은 통풍이 좋고 천장이 더 높아 숨통이 트였다. 최고층을 선택한 것은 무엇보다 내심 남들보다 더 높은 곳에서 살고 싶었는지도 모른다. 그렇게 해서 들게 된 아파트에서 엘리베이터로 오르내리기를 반복하며 이십여 년을 내리 살아왔다.

 한데 언제부턴가 높이 오르지 않고 밑에서 내처 살면 어떨까

하는 생각이 불현듯 들기 시작했다. 오르지 않고 밑에 머물고 싶다는 생각이 들기 시작했던 것이다. 그런 생각이 싹트기 시작하자 엘리베이터를 타고 밑으로 내려갈수록 마음이 더 넉넉하고 편해지는 게 아닌가. 문득 높이 오르는 것만이 능사가 아닐 것이라는 생각이 들었다.

높은 곳으로만 치달으려고 했던 지난날이 갈마들었다. 턱없이 오르려고만 했던 젊은 날의 욕망과 중년의 탐착을 다독이며 평정을 다잡아야 할 때가 이젠 다가온 모양이다. 낮게 흐르는 강물도 높은 하늘에서 내려온 빗물이 아니던가. 발원할 때는 가느다란 물줄기였지만 서로 만나 어깨동무하며 흐르고 흘러 드넓은 바다에 이르게 된다. 강물은 바다에 이르러야 비로소 순해져 완성되지 않던가. 결국 물줄기는 낮은 데로 달려 강물이 되고 바다로 흘러 합류한다. 밑으로 내려갈수록 낮게 흐르는 저 강물이 웅숭깊게 보이는 까닭을 이제는 조금 알 듯하다.

위에서 밑으로 흐르지 않은 게 어디 있으랴. 햇살과 달빛도 눈과 비도 밑으로 흘러내린다. 하늘에 떠 있는 독수리도 때가 되면 땅으로 내려오고, 벼 이삭도 고개 뽑아 기세 좋게 오르다가도 때가 되면 밑으로 향한다. 나무도 하늘을 향해 가지를 뻗고 있어도 때가 되면 잎을 떨어뜨리고 열매조차 지상으로 내려

보낸다. 높은 곳에 올라 영원히 머무르는 게 과연 무엇이 있던가. 생명을 지닌 것은 언젠가는 땅에 몸을 누이고 더 낮아져 마침내 땅속으로 가뭇없이 스며들게 마련이다.

위에서 밑으로 흐르는 것은 물만이 아닌 모양이다. 인간 또한 어찌 예외이랴. 하나 오르고도 내려오지 않으려고 발버둥치는 경우를 종종 보게 된다. 그 자리를 고수하려고 더 오르려고 물색없이 발버둥질치다가 결국 추한 모습으로 남의 손에 끌려 내려지기도 하니 말이다. 높은 곳에 오르면 스스로 낮아져야 하는데 그렇지 못한 탓이리라. 높은 곳은 뱃속을 비워야 오래 머무를 수 있는 곳이다. 스스로 낮아져야 내려오는 길이 순탄하고 마음 가벼울 게 아니겠는가.

새처럼 높은 곳에 떠 있기 위해서는, 강물처럼 먼 길을 가기 위해서는 창자를 비우고 몸을 낮고 옅게 풀어야 하리라. 물줄기는 앞에서 끌고 뒤에서 밀면서 굽이굽이 흐르며 제 갈 길을 한눈팔지 않고 흘러가야 하리라. 직박구리도 생존을 위해서 당분간 공중에 머물러야 하지만 어느 땐가는 다시 땅으로 내려와야 하는 게 운명이 아니랴.

바람 소슬하게 부는 날, 여윈 물줄기 따라 흘러가 볼 참이다. 하동과 광양만을 거쳐 남해까지 흘러가 보리라. 강물과 바닷물이 만나는 지점에 서서 젊은 봄날과 장년의 가을날이 손을 맞잡고 물빛을 짯짯이 바라보리라. 흐르는 강물의 눈빛과 표정만 바라보기 위해서가 아니다. 이쯤 해서 이제껏 길항하던 자아와 순리가 악수하며 화해를 해야 하지 않겠는가.

누굴 닮았느냐

—궁금증 1

갓 태어난 아이를 두고 누구를 닮았느냐? 하고 물었을 때, 산모나 외가 쪽 사람들은 아빠를 쏙 빼닮았다고 말하는 때를 더러 본다. 하지만 친가 쪽 사람들은 아빠를 닮았다고 말을 하면서도 슬며시 눈매나 입 모양은 엄마를 닮았다고 양념을 치기도 한다. 얼마 전 텔레비전을 보는데 결혼해서 딸아이를 낳은 유명 여배우가 기자의 물음에 대답하길, 임신 중 책을 많이 읽고 음악 태교에 노력한 덕분에 남편을 닮아 눈매가 선하고 콧대가 반듯한 아이를 낳았다며 환하게 웃는다.

책과 음악과 남편 얼굴은 무슨 상관관계가 있는 걸까. 아빠의 품엔 엄마를 닮은 아이가 눈을 감은 채 안겨 있다. 그 여배우는 왜 자신이 낳은 아이가 자신을 닮았다고 말하기보다는 아빠를 닮

앉다는 말을 하고 싶은 걸까. 아내가 막내 아이를 낳은 때가 문득 생각난다. 난산 끝에 수술로 낳은 터라 마취가 깨지 않아 몽롱한 채 누워 있던 아내에게 아이가 엄마를 빼닮았다고 곁에서 수발하는 사람이 말을 하자 들었는지 못 들었는지 희미한 미소만 지었다.

닮은 죄
—궁금증 2

타지 생활을 하다가 방학을 맞아 집에 온 막내 녀석을 데리고 아내와 함께 외식하러 나섰다. 허했을 배 속을 채워주기 위해 모처럼 고깃집엘 들어간다. 내친김에 소주도 한 병 시켰는데 이 녀석의 소주 마시는 꼴이라니. 소주 한 잔을 눈 깜작할 사이에 입안에 탁 털어 넣는 게 아닌가. 두 번째 잔도 마찬가지다. 해서 술잔은 두세 차례 끊어서 마셔라, 강술은 피하고 안주와 함께 천천히 마셔라, 과음하지 마라, 술을 마셨으면 며칠간은 간을 쉬게 해 주어라, 술은 이것저것 섞지 마라, 부득불 마셔야 할 때는 도수가 낮은 술부터 마셔라 등등 주법을 가르치고 있는데 아내가 혼잣말로 끼어든다. "어쩌면 부자가 술 마시는 게 저리 똑같을꼬." 실은 내 술버릇을 닮지 말라고 하는 말로 아내가 눈을 흘기며 나선 것이다. 저 녀석이 술버릇조차 아빠를 빼닮아서 그렇다고 하는 데는 할 말이 없다.

실은 처음 이 녀석을 우리 부부는 고민하지 않을 수 없었다. 예고 없이 그만 뱃속에 들어섰기 때문이다. 그렇지만 내리 사내를 둘 낳은 탓에 딸이라면 좋겠다고 여겨 달포를 고민하다가 혹시, 하는 생각이 들어 낳기로 했다. 한데 정작 낳고 보니 사내놈이었다. 하마터면 이 세상에 태어나질 못할 뻔한 녀석이었다. 한데 아내의 말대로 녀석이 아비를 빼닮았다고 하는 말에 정작 난 입을 다물고 말았다. 닮은 것이 술 마시는 버릇뿐이랴. 말대꾸 못하고 있는 내 모습을 바라보며 아내는 웃음 한쪽을 베어 물고 있다.

헷갈리는 순간
—궁금증 3

그날도 어찌하여 밖에서 저녁을 먹게 되었다. 막내 녀석과 아내는 밀가루 음식을 먹겠다고 하기에 그런 집을 찾았다. 주문한 음식이 나와 한참 먹고 있는데 두 사람이 식당 안으로 들어선다. 팔순이 넘은 노인네와 이순 이쪽저쪽의 사내다. 두 사람은 눈매와 하관이 서로 빼쏘았다. 모자간인가 보다. 우리 건너편에 자리를 잡더니 아들은 노인네에게 무얼 드시겠느냐고 묻는다. 노인네는 아무거나 먹겠다고 한다. 그 식당의 주요리는 팥죽이나 칼국수 등 밀가루 음식이다. 노인네를 바라보던 아들은 주인에게 팥죽 두 그릇을 시키자 노인네는 손사래를 치며 아들의 말에 한 마디 보탠다.

"이 봐요, 어른 것 한 그릇에 아이 것 하나 줘요."

아이라고는 없는데, 누가 어른이고 누가 아이란 말인가. 곰곰이 생각 끝에 난 혼자 지그시 웃을 뿐이다. 흘긋 보니 그쪽 사내도 슬며시 미소를 짓는다. 하지만 주인 여자는 아직도 말뜻을 몰라 우두커니 서 있더니 고개를 갸우뚱하며 알았다는 듯이 주방으로 향한다. 주인 여자는 팥죽 두 그릇을 담아왔는데 하나는 큰 그릇에 하나는 작은 그릇이다. 노인네는 큰 그릇을 아들에게 내밀고 당신은 작은 그릇을 끓어 당긴다. 그러자 아들은 큰 그릇을 노인네에게 밀고 작은 그릇을 잡아당긴다. 서로 아이가 돼 승강이를 벌인다. 아들은 엄마에게 아이겠지만 엄마가 아이 팥죽 그릇을 잡아당기니 어찌 된 노릇인가. 결국 작은 그릇은 엄마 차지가 되었다. 엄마와 아이는 간간 눈을 맞추며 구뜰한 음식을 먹는다. 누가 아이이고 누가 어른인지 잠시 헷갈리는 순간이다. 아내는 그 풍경을 바라보다 맞은편에 앞에 앉아 음식을 먹고 있는 막내 녀석을 흘긋 바라본다.

전설 같은 편린들, 묻히고 잊히는 것들이 어디 한둘이던가. 다행히도 사라져 가는 나무와 빛나는 풍경들이 상념의 조각들로 되살아나 가슴을 다독이고 데워준다. 세월의 무너들, 암암하고 애틋한 것들일지언정 그래도 사금파리처럼 반짝이는 생의 조각들이 아닌가.

5. 그 풍경 속으로

그 풍경 속으로
유통 기한
싸락눈 오던 날
그림자 초상(肖像)
해거름녘
눈썹 고운 달
만화(漫畵) 이야기
꽃잎과 붕어빵
길을 잃고

그 풍경 속으로

볼일이 있어 은행에 들어섰다. 월말이어선지 창구가 북적댄다. 번호표를 뽑아들고 기다리는데 구석진 곳에 자리가 난다. 책꽂이에서 잡지를 빼들고 앉는다. 몇 장 넘기다가 한곳에 눈길이 머문다. 강변 풍경을 담은 아련한 흑백 사진이다. 강 저편엔 촌가와 다랑논이 펼쳐져 있고, 이편엔 먹을 감으러 가는지 초동들이 줄을 서서 걸어가고 있다.

그중 강변에 서 있는 키가 훤칠하고 끌밋한 미루나무 몇 그루가 마음을 끈다. 예전엔 곳곳에서 흔히 볼 수 있었는데 이즘은 좀체 만나기 어려운 나무다. 이파리가 뒤척인 것으로 보아 마침 바람이 분 것일까. 하긴 미루나무는 바람 속에 있어야 제격이다. 기억 속의 이파리는 늘 바람 속에서 나부꼈다. 기억들이 풍경 속으로 발목을 끌어들인다.

유년 그 무렵, 시오리를 걸어 학교에 가는 것은 배고픔을 달래기 위해서다. 선생님들은 운동장 가 느티나무 밑에 큰 가마솥을 내걸고 강냉이 죽을 끓이기에 여념이 없다. 아이들은 창가에서 목을 빼고 있다가 종소리가 울리면 달려가 줄지어 선다. 누르스름한 죽을 한 양푼 받아 들고 나무 그늘에 앉는다. 야금야금 아껴 먹고 난 후, 고개 들어 하늘을 쳐다본다. 느티나무 곁에 늘어선 미루나무에서 매미는 그악하게 울어대고 우듬지에 걸린 햇살은 나부끼는 이파리 사이로 눈부시게 부서진다.

학교가 파한 후, 지름길로 가기 위해 능선을 타고 내려가 샛길로 접어든다. 한데 그곳을 스칠 때면 헐렁한 고무신은 잠시 벗어야만 한다. 도중에 넘어지지 않고 달리기 위해서다. 길가엔 지붕에 풀이 얼기설기 난 상엿집이 있고, 그 뒤꼍엔 미루나무 한 그루 치솟아 있다. 고무신을 벗어 양손에 갈라 쥐고 조심스레 발걸음을 내딛는다. 상엿집 앞을 스칠 때면 그 반대쪽으로 눈을 돌린 채 숨차게 달리고 달린다. 저편에서 구구구 산비둘기 울음소리 들려오면 온몸이 적막함에 사무친다. 그 울음소리는 뒤척이는 미루나무 이파리를 딛고 달려와 등 뒤를 하염없이 따라온다.

앳된 소년 시절, 대처에서 학교에 다니다가 주말이 되면 어머니와 집이 그리워 견딜 수가 없다. 다 팽개치고 버스를 타고 만다. 읍내 차부에서 내려 다시 집까지 시오리 신작로를 걸어야 한다. 길가엔 먼지를 뒤집어쓴 미루나무가 흔들리며 늘어서 있다. 그 길은 멀기만 하고 미루나무처럼 덩달아 쓸쓸하지만 그래도 발걸음은 경쾌하다. 해가 설핏해서야 집에 도착한다.

집에 오자마자 어머니의 치맛자락 곁을 맴돈다. 부엌으로 샘가로, 텃밭으로 마당으로, 뒤란으로 마루로 강아지처럼 어머니의 무명 치맛자락 곁을 따른다. 그때마다 어머니는 다순 눈길로 어린 자식을 지그시 바라보곤 한다. 하나 다음날 오후, 도회지로 되돌아가야만 한다. 어머니는 동구 밖 미루나무 밑에서 자식이 신작로 굽잇길로 들어설 때까지 하냥 서 있다. 어머니가 보이지 않을 때까지 몇 번이나 뒤를 돌아보곤 한다. 그때마다 아슴아슴하게 멀어진 미루나무와 어머니의 모습이 눈물 속에 흔들린다.

떠돌던 청년 적, 목이 떼인 풍뎅이처럼 헤매다가 마음을 틀어잡기 위해 암자에 오른다. 그 언덕배기에 키 큰 미루나무 한 그루 서 있다. 유폐된 심정으로 방안에서 끙끙 앓다가 밖으로 나올 때면 미루나무가 첫눈에 들곤 한다. 이파리는 산바람에 나부대며 보란 듯 뒤척인다. 바람에 뒤집힌 이파리를 보며 전복의 쾌

미로 설렌다. 그때마다 다시 어디론가 떠돌고 싶어 바장인다. 속절없이 다시 가방을 싼다.

하산 후, 뒤늦게 소식을 듣고 찾아간 곳은 감옥이다. 푸른 나이에 푸른 깃발 들고 앞장서 달리다 영육이 갇힌 그의 얼굴을 보기 위해서다. 그곳은 높은 담장을 따라 미루나무가 열병하듯 줄지어 서 있다. 꽃샘바람 치는 봄날, 오종종한 수천 개 미루나무 이파리들은 깃발처럼 펄럭이며 교도소 담장 안쪽을 향해 나부끼고 있다. 왜 하필 바람은 안쪽으로 불어 이파리들을 몸서리치게 하는 걸까. 내처 궁금하기만 하다. 아마 그도 쇠창살을 통해 담장 밖에서 펄럭이는 그 이파리들을 보았으리라.

중년 어느 날, 뱀이 허물을 벗듯이 기차를 탄다. 철로 변의 미루나무도 함께 달린다. 만국기 같은 이파리들은 보는 이의 눈길을 씻어 맑힌다. 기차가 한참을 달리다 터널을 통과하면 미루나무는 저편에 멀뚱히 서 있다. 기차는 앞으로 달려가고 미루나무는 자꾸 뒷걸음질친다. 그래도 날이 저물어 저편에 마을 불빛이라도 보이면 냉큼 내리고 싶어진다. 어귀 어디쯤 미루나무 몇 그루 서 있을 것만 같기 때문이다.

허물을 벗는 일은 기차뿐이랴. 강가에서 낚싯대를 드리운다. 나른한 토요일인데다가 고기 입질마저 없어 잠시 몸을 눕힌다.

미루나무 그늘에서 그만 선잠이 들고 만다. 후드득 빗방울이 얼굴에 떨어진다. 눈을 뜨니 빗방울에 미루나무 이파리가 자못 소란스럽다. 일어나 바라보니 빗방울은 수면에 수많은 무늬를 만들고 있다. 나른함은 사라지고 강물은 정정한 물무늬가 되어 이쪽으로 섬세하게 밀려온다. 이제껏 건너온 세월의 강 길목엔 징검다리처럼 그때마다 미루나무가 있었던가.

'112번 손님!' 창구에서 번호를 부른다. 풍경 속에서 고개를 들어 창구 쪽을 바라본다. 번호판에 빨간 숫자가 적혀 있다. 재차 번호를 부른다. 나타나지 않자 다음 번호를 호명한다. 그때야 내 번호표를 들여다본다. 이런, 다급히 창구로 가서 '112번'이라며 번호표를 내미니 무엇을 하고 있느냐는 눈치다. 일을 마친 후 자리로 돌아와 미루나무 페이지를 마음속에 고이 접고 잡지는 책꽂이에 다시 꽂는다.

전설 같은 편린들, 묻히고 잊히는 것들이 어디 한둘이던가. 다행히도 사라져 가는 나무와 빛나는 풍경들이 상념의 조각들로 되살아나 가슴을 다독이고 데워준다. 세월의 무늬들, 암암하고 애틋한 것들일지언정 그래도 사금파리처럼 반짝이는 생의 조각들이 아닌가. 가분한 걸음으로 은행 문을 나서니 오후의 햇살이 실눈을 뜨고 찬찬히 바라본다.

　　전설 같은 편린들, 묻히고 잊히는 것들이 어디 한둘이던가. 다행히도 사라져 가는 나무와 빛나는 풍경들이 상념의 조각들로 되살아나 가슴을 다독이고 데워준다. 세월의 무늬들, 암암하고 애틋한 것들일지언정 그래도 사금파리처럼 반짝이는 생의 조각들이 아닌가.

유통 기한

 희뿌옇다. 메마른 바람이 모래사막을 훑고 간다. 태양과 바람과 모래가 혼재하는 아득한 땅 사하라사막.

 바람 소리에 하던 일을 멈추고 텔레비전 화면을 바라본다. 막막한 사막에 낙타의 무리가 줄지어 지나간다. 낙타 등 양쪽엔 묵직해 보이는 짐들이 실려 있다. 사막보다는 하염없이 걷고 있는 낙타에게 더 눈길이 쏠린다. 가슴이 옥죄어 화면에서 눈길을 뗄 수가 없다. 낙타는 사막의 배라는데, 낙타 몰이꾼들은 등에 올라타지 않고 모래바람 속을 함께 묵묵히 걷고 있다.

 낙타의 모습이 화면에 확대된다. 모래바람을 피하려는 듯 눈동자를 긴 속눈썹 속에 감추고 허연 거품만 입에 문 채 코를 벌름거린다. 황량한 사막을 일생의 터전으로 삼아야 하는 낙타는 애오라지 똑같은 보폭으로 걷고 걸을 뿐이다. 별다른 생존의 무기가 없는 낙타는 맹수를 피해 스스로 척박한 사막으로 찾아들었다는 게 맞는 말일 듯싶다.

 시구(詩句)*대로 '별과 달과 해와 모래밖에 본 일이 없는 낙타, 세상사 물으면 짐짓, 아무것도 못 본 체 손 저어 대답하면서, 슬픔도 아픔도 까맣게 잊었다는 듯' 이 낙타는 앞만 보고 걸어간다. 죽는 순간까지 하염없이 사막을 걸어야 한단 말인가. 체온이 41도가 넘어야 땀을 흘리고, 눈물은 코와 연결된 관을 통해 몸으로 다시 들어가 수분 낭비를 줄이면서까지 속절없이 걸어야 하는 운명이다.

 낙타는 진종일 되새김질을 한다. 그게 뜨거운 사막에서 지치지 않고 견디는 비결이라니 참으로 숙명이다. 되새김질하는 것이 어찌 위 속의 음식물뿐이랴. 웬만해서는 달리지도 않는다. 달리면 열이 나므로 에너지와 수분을 아끼기 위해서다. 종종걸음도 치지 않는다. 그러면서도 하루에 삼백 리를 가고 천 근의 짐을 실을 수 있다지 않은가. 소리 없이 하냥 걷다가 때가 되면 그 자리에서 쓰러져 눕는다. 욕심도 미련도 없이 고행처럼 걷다가 연소하면 죽을 따름이다. 유통 기한이 다하는 그날까지 생명을 태우다가 쓰러질 뿐이다. 하여 죽을 때까지 어떤 징후도 보이질 않는다.

 인간에게도 생의 유통 기한이란 게 있을까. 있다면 어느 순간이 기한이며 분기점일까. 식품은 유통 기한을 넘기면 폐기처분이 된다. 더는 상품으로서 가치가 없기 때문이다. 낙타는 유통 기한을 스스로 직감하지만 식품은 인간에 의해 선택당한다. 하나 인간은 자신의 유통 기한에 대해 다양하게 반응하며 선택하기도 선택당하기도 한다.

 낙타가 지나가는 저 텔레비전 화면에서 언젠가 한 사람의 마지막 순간이 전해졌다. 스스로 목숨을 거둔 노인네의 사연이었다. 일찍이 남편과 사별하고 한 점 혈육 딸과도 연락이 끊긴 채 만성 질환과 생활고 등으로 힘겹게 살아왔다. 신장 투석을 해오던 환자가 예약 날짜에 오질 않자 걱정이 된 간호사의 방문으로 주검이 발견되었다. 현관문은 열려 있고 집안은 깨끗하였으며, 현금 오백여만 원이 든 지갑과 유서가 머리맡에 놓여 있었다. 그 돈은 기초생활보장 수급자인 할머니에겐 전 재산인 셈이었다. 유서엔 혼자 살기가 버거워 이만 생을 거두고자 하니 이 돈으로 장례를 치러달라는 내용이었다.

 그런가 하면 색다른 장례식이 신문에 보도되기도 했다. 살아 있는 사람이 스스로 치른 장례식이었다. 주인공은 어느 날, 지인과 친인척들을 불러 모았다. 이치에 어긋난다는 참석자들의 항변에 팔순을 훌쩍 넘긴 노인네의 대답은 '내 생의 유통 기한이 이미 지나서요.'였다. 죽은 후에 치르는 장례식은 서로 교감이 없는 의식에 불과하기에 죽기 전에 마지막 인사라도 먼저 하고 싶다는 것이었다. 사는 동안 상처를 주고받았던 사람들과 용서하고 화해하며, 소원했던 이들과 흉금을 털어 손이라도 잡아보고 맛있는 음식이라도 대접하고 싶었으며, 다시 보지 못할 사람들이기에 눈 속에 고이 담아가고 싶어서였다고 한다.

또 이런 경우가 세간의 관심거리가 된 적이 있었다. 일 년 넘게 식물인간의 상태, 의학적인 처치와 방법으로 생명을 연장해 오다가 환자 가족과 병원 측 간에 법적인 분쟁으로까지 번졌던 경우였다. 인간의 존엄과 품위, 그리고 생명 윤리에 대한 인식과 대응 방법이 쟁점이었다. 이에 대해 인위적일지언정 생명 연장을 원하는 사람도 있었고, 생명 연장을 거부하며 인간다운 품위를 유지한 채 죽을 수 있는 것도 권리라고 생각하는 사람들도 있었다.

모두 같을 수야 없겠지만 사람의 유통 기한은 나이로만 계량화할 수는 없을 것이다. 신체 조건이나 생물학적 건강 상태, 그리고 정신 상태나 삶의 의지 정도에 따라 모두 다를 수밖에 없다. 하나 의학적으로 뇌사 또는 식물인간 상태뿐만 아니라, 시한부 생명 선고를 받은 중증 환자, 혼자 일상생활이 불가능한 치매의 경우는 유통 기한을 어떻게 이해하고 해석하며 적용해야 할까. 그저 섭리에 맡기고 기다려야만 옳은 일일까.

인간과 낙타가 자맥질하며 머릿속을 넘나든다. 낙타는 어쩌면 신의 색다른 피조물인지도 모른다. 같은 동물이지만 인간과 낙타의 유통 기한을 생각하며 생을 어찌 엮어야 할까 화두 하나 새롭게 품는다. 생을 품위 있게 마무리하기 위해서 유통 기한을 어떻게 인식하고 어느 기준에 설정해 두어야 할까. 만약 유통 기한을 연장해야 한다면 어떤 삶의 목표와 자세가 또 필요할는지 곰씹어 본다. 사는 일보다 죽는 일이 더 힘들고 어렵다는 말이 이래서 나온 것일까.

머릿속에서 낙타 한 마리 계속 맴을 돌고 있다. 하나 텔레비전 화면 저편으로 낙타의 무리는 아스라이 멀어져만 간다. 희뿌옇다.

*시구(詩句) : 신경림의 <낙타> 중에서.

싸락눈 오던 날

아슴아슴하련만, 상기도 그날은 눈에 선하기만 하다.

그날, 꼭두새벽에 잠이 깼다. 아내의 뒤척임 때문이었다. 전날 초저녁부터 배가 아프다더니 산기가 돌기 시작한 모양이었다. 자리에서 일어나려는 기척에 아내는 견딜만 하다며 손짓으로 말렸다. 무심히도 남편은 다시 잠이 들고 말았지만 아내는 꼬박 밤을 새웠으리라. 동이 트려면 아직 멀었는데, 아내는 일어나 보자기에 배내옷을 비롯해 산후용품들을 주섬주섬 싸기 시작했다.

아내는 출산일을 시댁은 물론 본가에도 알리지 않았다. 산고를 홀로 치르며 첫아이를 낳고 싶어 했다. 알고 보니 드넓고 파란 잔디밭에서 솟아오르는 용을 꿈에 혼자 보았단다. 아침조차 거른 채 조심조심 셋방 문을 열고 나섰다. 쑥스러웠지만 남편은 보퉁이를 들고 아내의 뒤를 따랐다.

대문을 나서자 하늘에선 희미한 눈발이 희끗희끗 비쳤다. 젊은 부부는 길거리로 나와 택시를 잡아타고 병원으로 향했다. 하지만 의사가 출근하기에는 아직 이른 시각이었다. 평소에 들락거렸던 병원이기에 진찰했던 의사가 오기를 기다렸다. 아내는 간간 배를 움켜잡고 신음을 내뱉었다.

한참 후 늙숙한 의사는 뒷짐 지고 병원에 들어섰다. 진찰을 마친 의사는 출산하려면 더 있어야 한다며 집에 가서 기다리라는 것이었다. 아기를 그리 쉽게 낳는 줄 알았느냐며 지그시 웃었다. 배가 더 아프면 오라 쫓겨났으니 어쩌겠는가. 도리 없이 남편은 아내를 이끌고 집으로 되돌아올 수밖에 없었다.

서너 시간이 지나자 아내는 더는 버틸 수가 없었던지 병원으로 가자고 다그쳤다. 남편은 한손으론 임신부를 부축하고 또 한 손은 보퉁이를 잡아들고 다시 병원으로 걸음을 재촉했다. 간밤 잠도 설치고 아침 점심도 걸렀는데 무슨 힘으로 아기를 낳까. 하늘에선 눈발이 더 촘촘해졌다. 본격적으로 산통이 시작되는지 아내는 손수건을 손아귀에 몰아 쥔 채 고통스러워했다.

그제야 분만 대기실로 안내되었다. 그곳에서 비명을 지르다가 잠잠하기를 십 수차례 반복하였다. 그렇게 네댓 시간 모진 산통을 치렀다. 남편이랍시고 옆자리를 지키고 있었지만 정작 도움이 되는 게 별로 없었다. 양수가 터지고 자궁 문이 열려야 한다더니, 때가 되었는지 아내는 마침내 간호사에게 이끌려 나갔다. 뜻밖에도 아내의 눈빛은 담담하고 투명했다. 하지만 분만실로 들어간 아내의 비명은 더욱 커져만 갔다. 바깥 복도에서 그 비명을 듣고 있을 수가 없었다. 태몽을 핑계 대고 남편은 병원에서 빠져나오고 말았다.

밖으로 나오자 하늘은 뿌연 눈으로 가득해 있었다. 해질 무렵의 싸락눈이었다. 허기가 지고 조바심이 밀려왔다. 남편은 엉뚱하게도 싸락눈을 맞으며 걷고 싶었다. 하지만 아내의 진통 소리가 가득할 병원에서 멀리 벗어날 수가 없었다. 그 주위를 맴돌기 시작했다. 홀로 첫아이를 낳고 있을 아내를 분만실에 두고, 남편은 싸락눈을 머리에 뒤집어쓴 채 낡은 병원 주위를 돌고 돌았다. 차츰 알다가도 모를 뜨거운 기운이 가슴 밑바닥에서 자꾸 돋아 솟아올랐다. 그렇게 예닐곱 바퀴 주위를 바장이며 맴돌았다. 아버지 되기가 쉬운 일이 아닐 터, 불현듯 얼른 들어가 보아야겠다는 생각이 고개를 쳐들었다.

2층 계단 층계참을 오르는데 분만실에서는 아직도 비명이 낭자

했다. 그러다가 또 한순간 잠잠했다. 어찌 된 일일까, 혹시 무엇이 잘못된 것은 아닐까. 발소리를 죽이며 분만실 안의 기미를 살폈다. 비명과 잠잠함의 연속이었다. 응애 응애! 마침내 분만실 안에서 아이 울음소리가 터져 나왔다. 순간 귀청 안은 온통 아기 울음뿐이었다. 울음은 생명의 신호이자 강렬한 생의 요소였다. 아, 이제 태어났구나. 숨을 죽이고 죽였다. 심장이 요동쳤다. 복도를 서성이는 발걸음은 더 잦아졌다. 얼마 후 분만실 문이 열리고 후덕한 얼굴을 한 간호사의 품에 아이가 안겨 있었다.

갓난 핏덩이, 낯설고 생소했지만 그건 생명이었다. 간호사는 무어라 말을 건네며 아이의 얼굴을 보여주었다. 간호사의 말은 귀에 들어오질 않았다. 비로소 어둠 속에서 만난 빛이었다. 아이의 꽃잎 같은 작은 입술이 옴씰거렸다. 현기증이 일어났다. 아내도 떼꾼한 눈빛으로 핏덩이를 보았겠지. 핏덩이가 다시 분만실 안으로 사라졌다. 당혹스럽고 스스러웠다. 아직 준비가 덜 된 철없는 아비였다. 뜨거운 시선이 밖을 향했다. 어슬어슬한 하늘엔 여전히 싸락눈이 하염없이 내리고 있었다.

그래, 30년 전의 일이었다. 어쩌다 싸락눈을 만난 날, 맴돌았던 그날의 발걸음이 이젠 그 자리에 멈춰진다. 그때마다 그날의 싸락눈 풍경이 가슴 저편에서 한 뼘씩 오르내리며 파도처럼 놀친다. 아비와 자식이라는 이름이 갈마들기 때문이다. 낡은 그 병원건물이 지금은 사라져 버렸건만, 그 주변을 스칠 적마다 눈길이 자꾸만 그곳으로 쏠린다. 그곳엔 아직도 싸락싸락 싸락눈이 내리고 있다. 그날의 싸락눈이.

그림자 초상(肖像)

사내는 묵연히 산기슭을 바라보고 있다. 늦가을 해질녘, 나목들은 단출하고 수척하다. 그 눈길은 은사시나무에 머물러 있다. 사내는 봄과 여름, 꽃을 먼저 내민 후 잎을 뒤척이던 그 유백색 풍경을 머릿속에서 되작이고 있다.

삼거리 길섶엔 편편한 너럭바위가 하나 놓여 있다. 너럭바위 위에 서 있는 사내의 반백 머리칼 위에 여윈 햇살이 고인다. 석양에 사내의 표정은 흔흔하다. 사내는 커피를 한 모금 마신다. 근자 들어 사내가 이 삼거리를 찾는 횟수는 잦다. 이 삼거리 갈림길은 각다분한 도심에서 세 마장쯤 차를 몰고 와야 하는 괴괴하고 후미진 곳이다. 사내는 마음자리가 심란하거나 생각의 실타래가 엉켜 있을 때 혼자 이곳을 찾곤 한다.

이곳이 가까운 곳이기에 망정이지, 실은 사내는 길치다. 혼자서 먼 길을 간다는 것은 좀체 엄두를 내지 못한다, 몇 번 갔던 길도 번번이 헤매거나 놓치기 일쑤다. 이즘 길라잡이(내비게이션)가 있다는 게 얼마나 다행인지 모른다. 하지만 이도 쓰임새가 효력을 발휘하지 못할 때가 종종 있다. 이리 갈까 저리 갈까 마음을 정하지 못한 상태에서는 별 쓸모가 없기 때문이다.

길을 헤맬 때마다 사내는 다섯 살 적 기억이 떠오르곤 한다. 재 너머 오일장에 엄마를 따라나섰다가 장터에서 길을 잃고 말았다. 호미를 사기 위해 엄마가 대장간을 기웃거리는 사이에 아이는 저편에서 철거덕철거덕, 엿장수의 가위 소리가 울리는 쪽으로 발길을 옮겼던 것이다. 엄마 손을 놓고 혼자가 된 아이는 장터를 헤매다가 그만 울음보가 터지고 말았다. 한참 후에야 어디선가 그 울음소리를 듣고 달려온 엄마는 치맛자락으로 아이의 콧물을 훔치며 달랬다. 그때 아이는 정작 그 무엇이 발길을 끌었는지를 몰랐다. 이후에도 아이는 길을 자주 잃곤 했다. 이는 경험의 학습이 더딘 것도 원인 중의 하나겠지만 행망쩍고 해찰을 잘하는 탓인지도 모른다. 그래서 엄마는 늘 아이에게 길을 잃지 않도록 '눈을 크게 뜨고 잘 보고 다녀라.' 하는 말을 입버릇처럼 하곤 했다.

그림자 초상(肖像)

생(生)의 길이 혼란스럽거나 뒤엉킬 때, 사내는 어머니의 그 말을 떠올리며 이곳에 찾아들곤 한다. 내심 음음한 마음자리를 벼리기 위해서다. 이 갈림길을 찾아오기 위해 북쪽에서 들어오거나 남쪽에서 드는 때도 있지만, 대부분 분잡한 도심에서 빠져나와 맞은편 언덕배기를 넘어 이 삼거리에 오곤 한다. 그리고 길섶에 놓인 너럭바위 위에 올라서곤 한다. 이곳에 서면 영욕과 애욕, 그리고 성찰의 세 갈래 길을 한눈에 바라볼 수 있기 때문이다.

사내가 이 삼거리를 발견한 것은 십여 년 전이었다. 그 무렵, 사내는 까닭 모를 갈증에 시달리고 있었다. 물을 마셔도 음식으로 배를 채워도 사람 속에 섞여 있어도, 심지어 병원에 들락거려도 가라앉질 않은 목마름이었다. 그날따라 사내의 심사는 스스럽고 어수선하기만 했다. 하여 근교라도 나가볼 심산으로 무작정 길을 나섰다가 마음과 발길이 머문 곳이다. 지자불혹(智者不惑)이라지만, 사내는 불혹을 지나서도 삶의 미혹에서 벗어나질 못하고 매사 허둥대다 가동그라지곤 했다. 지난 세월은 헛헛하고, 앞날은 한 치도 내다볼 수가 없었으며, 오늘은 그저 뒤숭숭하고 불안할 뿐이었다. 하여 그즈음 종종 너럭바위 위에 서서 우두망찰하다가 집으로 돌아오곤 했다.

산비둘기 한 마리 솔수펑 저편으로 날아간다. 사내는 산기슭에서 눈길을 거둬 좌우의 길을 바라본다. 외진 삼거리에는 간이 정류장이 있고, 길섶 안쪽에는 구멍가게와 커피자판기가 있으며, 그 곁에 맷방석만 한 너럭바위가 있다. 도심으로 통하는 맞은편보다는 좌우편에 눈길이 더 쏠린다. 오른편 북향으로 한 마장쯤 가면 담양인데 들머리부터 식당과 현란한 모텔들이 즐비하다. 이젠 도심의 근교가 된 지가 오래된 길이다. 왼편 동남 방향으로는 순창 가는 길인데, 한적하지만 주위 풍광은 그만이다. 게다가 그 길 따라 쭉 내려가다 보면 전북 진안에서 발원하여 굽이굽이 흐르는 섬진강 물줄기를 만날 수 있다.

산그늘이 발목까지 차오르며 사위가 저뭇해 간다. 무엔가 허출하다. 어둠이 내리고 있으니 좌우편의 길을 택하든 맞은편 언덕배기를 넘든 해야 할 텐데, 오늘따라 좀체 발길이 떨어지질 않는다. 하나 사내는 이제 조급해하지 않는다. 나그네살이에서 이 허출함도 생의 요소라 여기기 때문이다.

이리 갈까 저리 갈까, 차라리 낭창하게 흐르는 물길을 보고 싶다. 어둠에 잠겨 물길이 보이지 않으면 여울목 곁에 앉아 강물 소리라도 귀기울여 들으면 될 일이다. 산기슭 애솔나무 밑에서 가끔 울어 대는 장끼 때문인지, 아삼삼한 은사시나무가 아직

그림자 초상(肖像)

도 눈에 어른거리기 때문인지 가슴이 느긋하고 넉넉하다. 어차피 미아처럼 가야 할 길, 그래도 사내의 가슴은 박하사탕을 깨문 것처럼 서서히 환해 온다. 어둑한 길일지라도 그 길이라면 길라잡이가 없어도 괜찮겠다. 사내는 차 운적석에 앉는다. 그러자, 그림자 하나 목울대 너머로 침을 꿀꺽 삼키며 조수석에 스리슬쩍 들어앉는다.

해거름녘

"에미다. 모두 탈 없이 잘 지내느냐. 큰애는 언제 온다더냐. 객지 생활하는 녀석이라 집에 오면 살로 가도록 잘 멕이거라. 그 어렵다는 공부할라믄 을매나 힘들 것냐. 둘째놈은 이참에도 못 온다더냐, 멀리 있어 짠허구나. 그간 내 한번 집엘 댕겨 올라 했는디 병원에서도 그렇지만 서울 니 성(兄)이 당최 못 가게 헌단다. 허기사 기동헐 힘도 부친다마는. 병원살이 갑갑해서 당최 못 살것다. 징역살이가 따로 읎어. 집에 가고 싶어……. 벌떡증이 다 난다. 집안 단속도 좀 해야 헐 텐디. 어쩌것냐. 니가 시간이 어떨능가는 모르것다마는 모레 반공일날 시간 좀 내야 쓰것다. 집 가까이 있는 니게 당부할란다. 아무래도 니가 시골집에 가서 집 정리를 좀 하려무나. 수술 들어가면 나올는지, 영 못 나올는지 누가 알것느냐. 니 성한테 집안 뒷일은 죄다 일러놓았다. 그러니 걱정을랑 허지 말거라. 잘 되지 않것냐. 근디 마당 것들이 눈에 밟히는구나. 미물이지만 그것들이 맘에 자꾸 걸려. 밑엣집 당숙네가 챙기것다 허지만 그게 될 법이나 헌 말이냐. 하루 이틀도 아니구, 당신들 일손도 바쁠 텐디 날구장창 오르랑내리랑 허며 개밥 주는 일이 쉽지는 않을 것이다. 허니 이참에 당숙헌테 말을 혀서 마당것들 어디로 내보내라 하그라. 키우겠다는 사람 있으믄 그냥 주라고 해라. 텅 빈 집에 그것들 소리조차 없으면 얼메나 휘웅휘웅 헐끄나. 내 늙판에 복쪼가리가 없어 마당것들까지 천하게 고생시키는구나. 마당것들 짖는 소리조차 귀고프다. 참, 장간으로 가서 장독 뚜껑들은 잘 닫혀 있는지 살펴보거라. 무엇보다 큰 된장독 뚜껑을 다시 살펴 보거라. 그라고 장간 밑에 떨어진 대포래기 좀 빗자루로 칼칼허게 한번 쓸거라. 뒤안도 정갈하게 쓸면 좋것다. 집에 사람은 비었어도 앞마당이나 뒤안은 정갈해야 쓰느니라. 그리고 헛청에 넣어둔 연장들은 한곳에 모아두거라. 연장들이 나뒹굴어 다니면 집구석이 어수선해 보이는 법이다. 근디 언제서나 그 연장들을 다시 잡아볼꺼나. 휴우, 그라고 곳간 열쇠는 헛간 기둥 모자 안에 걸어두었은게 열고 들어가 별일 없는지 살펴보거라. 혹시 골방쥐라도 들락거렸는가 보고. 마당가 감나무 밑에 잡풀이 을메나 솟구쳤을꺼나. 그간 사람 발자국 소리가 없었은께. 대충 뽑아버리고 보일러는 어떤지도 살펴보거라. 뒷집 니 형수헌테 일러두었다만 대문 밖 텃밭에 심거 놓은 상치나 마늘은 형수보다 알아서 하라고 말하거라. 니도 한줌 뽑아오고. 밖에 전답은 왕봉 당숙헌테 맽겼으니 알아서 해주실 거다. 그래도 찾아보고 인사는 드려야제. 그게 도리고 인사니라. 혹시 대문간에 고지서가 있거들랑 니가 보고 알아서 혀라. 아니면 큰집 당숙헌테 부탁을 드리든지. 이참에 당숙 못헐 일 퍽 시킨다. 집안 휘 둘러보고 나올 적에 섬돌에 있는 니 아부지 흰 고무신 살피거라. 먼지 꽤나 앉아 있을 것이다. 칼칼허게 비누질해서 물에 휑궈 단정하게 놓거라. 안방 영정 사진도 비뚤어지지나 않았는지 살피고 수건으로 먼지도 훔쳐내거라. 그라고 뒷산 니 아부지에게 가보거라. 니 에미가 오랫동안 집을 비어서 참말 죄송허다고 대신 말씀드려 주거라. 술 한 병 가지고 가서 몇 잔 쳐 올리고 니 아부지한테 가 본 지가 이리 오래된 것만 같다. 궁금해 허실 것이 아니냐. 어쩌것냐. 가까이 사는 놈이 자석이제. 일전 본께 니 얼굴도 축이 많이 낫더라. 에미 걱정은 이제 말그라. 니 에미는 살 만큼 살았으니께. 뭐니 뭐니 해도 니들 몸 건강이 제일이니라. 몸만 성하믄 어쨌던 살아

가니라. 명심하고 몸단속 잘 해야 헌다. 니가 내일 여기 병원으로 올라오겄다는 말을 니 동생헌테 들었다마는 올라올 필요 읎다. 고단허게 길바닥에 돈 뿌리며 오르내리락 할 것 전혀 읎다. 대신 시골집 집안 단속이나 잘 하거라. 내 니만 믿는다. 집 건사는 당분간 니가 좀 하거라. 말이 길었다. 전화세께나 나오것다. 얼릉 들어가거라, 죄 많은 에미 걱정을랑 말고……."

수화기 속, 어머니의 목소리는 석양에 흔흔히 젖어 있다. 연로한 탓에 수술이 쉽지 않으리라는 의사의 말이 자꾸만자꾸만 가슴에 걸린다. 암 병동에 입원 중인 어머니는 모레 수술실로 들어가신다. 어머니의 목소리가 끊겨 수화기 저편으로 사라졌을 때, 해가 다 넘어갔는지 저뭇해져 어둠이 시나브로 내리고 있다.

눈썹 고운 달

　사무치고 먹먹합니다. 아침 창가에서 산기슭을 바라보다가 무심코 당신께 전화기를 들었습니다. 오냐, 하고 늘 반갑게 맞이하던 음성이었는데 이젠 아무 소리도 들리지 않습니다. 그럴 수밖에요. 앞으로도 영원히 그러겠지요. 이처럼 막막할 일이 또 어디 있겠습니까. 하여 오늘은 가을 산에 들기로 했습니다. 산길에 든다고 이 헛헛함이 달래지겠는지요. 하나 어떻게든 웅숭깊은 당신의 숨결을 느끼고 싶어서입니다.

　산길을 걷다가 숲을 올려다봅니다. 숲 속에서 숲을 봅니다. 숲 밖에서 숲을 볼 때와는 다릅니다. 밖에서 숲을 볼 때는 단풍 든 풍경에 지나지 않았는데 안에서 보니 숲이 살아있습니다. 당신은 제게 숲이었습니다. 숲처럼 어디선가 살아 있을 듯싶습니다.

당신은 이제 자연으로 돌아왔기 때문입니다. 흐르는 구름 곁에 든 솔바람 속이든 어딘가에 영(靈)으로 스며 있을 것만 같습니다.

　잡목이 우거진 산록의 산색이 단풍으로 울긋불긋합니다. 각기 다른 옷을 입고 있습니다. 움이 나고 싹이 터서 갈맷빛으로 잎이 무성해질 때까지는 여느 나무든 엇비슷하다가 가을을 맞아 단풍이 들고 열매를 맺을 때는 저마다 자신의 색깔과 모습을 드러냅니다. 수형이 드러나고 무늬와 키가 다르며, 산뜻한 단풍이 있는가 하면 깨저분한 열매도 있습니다. 사람도 그렇지 않겠는지요. 생의 내리막길에 서면 그 모습이 확연히 드러나게 됩니다. 당신은 평생 많은 무늬와 결곡한 열매를 남기셨습니다. 옥빛 숙고사 저고리에 아롱진 당초무늬만큼이나 고운 무늬와 알알이 곡진한 열매를 말입니다.

　그런 당신을 이제는 볼 수가 없습니다. 머물던 흔적을 더듬어 보아도 정녕 당신을 느낄 수가 없습니다. 하여 자연 속으로 달려왔습니다. 이제야 저도 사람들이 왜 자연 속으로 드는 것인지 뒤늦게 깨닫습니다. 이는 내리막길에 선 자들만 느낄 수 있는 감정이 아닐는지요. 살아온 세월만큼의 의식 또는 무의식이 자연과 사계의 변화를 더욱 인식하게 만들었기 때문입니다.

　세월이 들수록 자연이 새롭게 보입니다. 세간의 삶 속에서 깨지고 엎어지고 실망했던 순간들을 경험한 후에야 비로소 자연을 통해 자신이 미미한 존재라는 것을 깨닫습니다. 자연의 본질과 위대함이 비로소 보이기 시작하는 것이겠지요. 생각해 보니 자연은 당신을, 수련한 당신은 맑은 자연을 빼닮았습니다. 숲처럼 당신은 평생토록 저의 은결든 상처까지 다 안아주었지 않습니까.

젊었을 때는 자연에 눈을 돌릴 겨를이 없었습니다. 세상의 요지경 속에 빠져 있었기 때문입니다. 세상이 신기하기만 하고 온통 분홍빛으로 보였으니까요. 이처럼 저도 당신이 곁에 계실 때는 그 고귀함과 고마움을 알지 못하다가 당신이 훌쩍 떠나고 나서야 그 자리가 얼마나 넓고 컸는지를 뼈저리게 느낍니다.

당신을 산기슭 도래솔 가에 누이고 돌아오던 날, 당신이 평생을 살아온 집 구석구석을 친친한 눈길로 둘러보았습니다. 당신이 없는 데도 마당귀에 있는 감나무엔 몽근 열매가 휘어지게 열리고 감볼은 붉디붉기만 했습니다. 그리고 마른 감잎이 바람에 툭 하고 떨어지는 소리가 어찌 그리 크게 들리던지요.

이제 모든 게 말끔히 치워졌습니다. 당신이 수없이 나고 들었던 고샅과 마당, 그리고 집만 괴괴하게 남았습니다. 산 자들은 모든 걸 치우고 다 떠났습니다. 당신이 입던 옷가지와 자잘한 세간들도 모두 불길 속에 사라지고 말았습니다. 한 인간의 삶이 이렇게 마감을 하는구나, 짧고도 긴 한 인간의 역사가 하찮은 흔적으로 변하고 걸 바라보는 심정은 하잔하기만 합니다. 이제 뒤란의 댓잎은 누가 칼칼하게 쓸까요. 화단에 당신이 좋아하던 과꽃이 노랗게 피면 누가 고운 눈길로 보아줄까요.

먼 길 가며 이승의 피붙이들과 애지중지하시던 전답들을 몇 수십 번 뒤돌아보셨는지요. 왜 하필 이 가을에 먼 길을 서둘러 나섰는가요. 귀애해 주던 시부님이, 보고 싶다던 지아비 곁이 그리워서였던가요. 아무리 그렇다손치더라도 이 가을에 그리 훌훌 떠나시니 당신이 없는 세상은 온통 텅 비었습니다. '너희들 보고 싶으면 어쩔거나!' 숨을 놓기 전 하신 그 말씀이 우꾼하게 솔바람에 실려 귓속을 파고듭니다. 언제쯤 칠흑이 거둬지고 당신과 세상이 말갛게 보일까요.

땅거미가 스며들어 어둠이 발목을 적시기 시작합니다. 이제 산길을 되짚어 내려가겠습니다. 오늘 밤에는 당신을 위해 새 촛불을 켜고 무릎을 꿇겠습니다. 가장 낮은 자세로 당신의 영혼을 바라보고 싶습니다. 하면 굽어보시고 무슨 말이든 한 말씀만 해 주세요. 듣고 싶습니다, 당신의 목소리를. 거리가 멀어 그게 어려우시다면 어머니, 밤 깊으면 눈썹 고운 달이 되어 창가로 오십

시오. 꿈결에라도 달의 숨소리를 들으며 목소리인 양 느끼고 싶으니까요

땅거미가 스며들어 어둠이 발목을 적시기 시작합니다. 이제 산길을 되짚어 내려가겠습니다. 오늘 밤에는 당신을 위해 새 촛불을 켜고 무릎을 꿇겠습니다.

만화(漫畵) 이야기

아침에 눈을 뜨면 밀려오는 상념 두 가지가 있다. 하나는 간밤 잠이 들어 가사(假死)상태에 빠졌다가 눈을 떠 다시 살아났다는 새로움이요, 또 하나는 잉크 냄새가 채 가시지 않은 신문을 펼쳐드는 신선함이다. 신문을 펼쳐들면 먼저 눈길이 가는 곳은 시사만화 쪽이다. 이는 그날 세상의 두드러진 표징을 함축하여 간결하게 보여주기 때문이다. 신문만화부터 찾는 버릇은 내 오랜 만화 편력에서 비롯된 터이다.

연전, 볼일이 있어 타지에 가 일을 마치고 돌아오기 위해 열차표를 보니 두 시간을 기다려야 할 처지였다. 난감했다. 밖으로 나와 시간 보낼 곳을 찾던 중, 역사 맞은편에 '꼴뚜기만화방'이라고 쓰인 간판이 눈에 띄었다. 순간 예전 어느 신문의 시사만화

주인공이 떠올라 묘한 향수와 흥미가 발동했다. 머리가 희끗희끗한 나이에 만화방을 기웃거린다는 게 멋쩍어 머뭇거리다가, 어쩌랴 싶어 문을 밀치고 들어섰다. 예전과는 다르게 쾌적한 환경에다가 사방 벽에 빼곡히 꽂힌 만화책을 보니 입이 벌어질 지경이었다. 시리즈로 된 만화책 몇 권 뽑아 뒤적거리는데 그 시절의 만화가게 풍경이 아련히 되살아났다.

그 시절, 단골로 들락거리던 만화가게 주인은 이마에 콩알만한 검정 혹이 붙어 있는 중씰한 홀아비였다. 덜컹거리는 문을 밀치고 들어서면 오래 묵은 종이 냄새와 커튼 안쪽 살림방에서 흘러든 쉰 김치 냄새가 뒤섞여 묘한 분위기를 자아냈다. 가게 안은 늘 어수선했지만 벽엔 까치 머리 소년과 커다란 눈에 눈물을 가득 담은 소녀 얼굴이 그려진 만화 포스터가 눈길을 끌곤 했다.

내 만화 편력은 60년대 후반부터 시작되어 중학교 때 절정을 이루었다. 두메에서 학교에 다녔던 터라 만화를 구경할 수도 구할 수도 없었는데, 어느 날 읍내에 사는 정미소집 딸 금희가 외삼촌이 사다 주었다며 만화를 가지고 왔다. 처음 본 만화책이 신기하고 호기심이 일어 어깨너머로 훔쳐보곤 했다. '악동이와 영팔이'라는 제목이었는데, 금희 곁을 며칠 맴돌다가 사정하여 겨우 잠시 빌려볼 수 있었다. 당시 가방 속에 만화책을 지니고 다니는 금희가 그리 부러울 수가 없었다.

대처에서 청소년기를 시작하면서, 처음으로 만화대본소가 있다는 것을 알았고, 친구 따라갔다가 그 많은 만화책을 보고 입을 다물지 못했다. 요즘이야 집집이 아이들 방 책장이나 책꽂이에 만화책이 흔하게 꽂혀 있지만, 그 당시엔 만화방에 가야만 구경할 수 있었다. 용돈의 상당 부분을 만화 보는 데 썼던 것은 말할 필요가 없다. 그때 본 만화 중에 《바람 속의 불나비》와 《허떨이》라는 제목의 만화가 떠오른다. 또 《각시탈》 시리즈도 빼놓을 수가 없다. 또한 한 야구선수의 꿈을 그린 《까치》나 장난꾸러기면서 천진난만한 《아기공룡 둘리》는 잊지 못할 만화들이다. 세월의 켜를 되작거려 보면 한동안 만화에 푹 빠졌던 그 시절이 묵은 만화처럼 아슴아슴하기만 하다.

만화 읽기에 능숙하다 보면 말풍선 속의 글자를 보지 않고 그림만 보아도 내용이 무엇인지 대충 짐작할 수가 있다. 얼핏 보면 책장만 넘기는 듯 보여도 내용을 알 수 있을 만큼 추리상상력이 늘어난다. 만화는 대상을 과장하거나 과감하게 생략하여 익살스럽고 간명하게 줄거리를 엮어가는 여러 컷 짜리 연속 그림이 아닌가. 말풍선 속에 대화 형태로 적은 글자와 그림의 조합으로 이루어져서 상상력을 불러일으키는 역할을 하며 많은 간접 경험을 제공하기도 한다. 요즘이야 만화영화나 애니메이션이 주류를 이루지만 그래도 만화를 보는 참맛은 강냉이 튀밥이나 쥐포 같은 군것질거리를 곁에 두고 나무의자에 걸터앉아 책장을 침 바른 손으로 넘기며 보아야 제 맛이 난다. 그래야 이야기나 주인공이 실제처럼 느껴지고 책 속에 빠져 상상의 날개를 마음껏 펼칠 수가 있다.

민간설화를 소재로 그린 만화 한 편이 지금도 잊히지 않는다. 우리나라 산천의 유래를 그린 만화인데, 먼 옛날에 거인이 배가 고파 남쪽 지방으로 와서 그곳 사람들로부터 얼마 동안 배부르게 음식을 대접받았다. 그래서 기쁜 나머지 춤을 추었는데 거인이 어찌나 컸던지 그만 해를 가리게 되어 그해 농사를 망치고 말았다. 화가 난 마을 사람들은 거인을 내쫓았다. 거인은 북쪽으로 도망가다가 배가 고파 돌이나 나무 등을 닥치는 대로 먹어치웠다. 그만 배탈이 났던지 설사를 하였는데 그 배설물이 머물고 흘러 백두산과 태백산맥이 되고, 흘린 눈물이 압록강과 두만강을 이루었으며, 대변의 한 덩이가 튀어 제주도 되었다. 거인은 배설 후 속이 편해 휴~ 하고 한숨을 내쉬니 넓은 만주 벌판을 이루었다. 가뭄이 들자 거인은 배가 고플 때 그래도 자기에게 먹을 것을 준 남쪽 사람들에게 보답하려고 산에 올라 오줌을 누었는데, 이 오줌이 홍수가 되어 북쪽 사람들이 남쪽으로 떠내려가 살아남은 사람들은 한국인의 시조가 되었고, 더 밑으로 밀려간 사람들은 일본인의 시조가 되었다는 내용이었다. 지금도 이런 만화는 내게 흥미를 주고 기상천외한 상상력을 불러일으킨다.

길게 이야기로 이어지는 만화책만 흥미를 주는 것은 아니다. 그날그날의 사회 현상이나 사건을 농축하고 압축해 도움말을 곁들여 풍자 비판하는 신문의 네 컷짜리 만화 또한 통쾌한 묘미가 있다. 예전 ○○신문의 '개골선생', ○○신문의 '까투리여사', ○○신문의 '시사만평', ○○신문의 '재치부인', ○○신문의 '미주알의 절묘한 발상과 표현을 잊지 못하며, 요즘 신문들의 한 컷짜리 그림판은 내게 세상을 읽고 상상하는 재미를 쏠쏠하게 제공해 준다.

각다분한 세상살이에서 흥미롭고 기발한 내용을 담은 만화를 만난다든가, 풍자적이고 통쾌한 그림판을 보는 일은 메마른 가슴에 비를 뿌리듯 시원함을 준다. 나는 오늘도 만화 보는 일로 시작하여 만화 같은 세상 속에서 살다가 다음날 새 만화를 기다리는 작은 행복을 누린다.

꽃잎과 붕어빵

시내버스에 오른다. 변두리인데다 일요일 오전이라 버스 안은 한산하다. 운전기사까지 합해야 고작 다섯 명이다. 앞자리에 앉은 앳된 여학생은 손전화로 줄곧 누군가와 재잘거린다.

"……그래 우체국 앞에서 만나자, 동희야."

동희! 누구였더라. 암암하게 맴도는 익은 이름인데 얼굴이 쉬 잡히지 않는다. 기억을 되작여 보려 차창 밖으로 눈길을 돌린다. 도로 양편엔 길게 줄지어 늘어선 벚나무에서 꽃잎이 하롱하롱 흩날린다. 머릿속을 맴도는 이름의 주인공을 불러들이려 골몰해 보지만 모습이 떠오르지 않는다. 누굴까. 정거장에서 버스는 다시 멈추고 단발머리를 한 앳된 아이가 하얀 꽃잎 몇 장과 함께 차에 오른다. 맞아 동희, 그래 그 계집애! 그제야 동희의 얼굴이 차츰 우련하게 떠오르기 시작한다.

그러고 보니 여태껏 난 동희를 잊지 않고 있었던 모양이다. 조갯볼 있는 동실한 얼굴에 단발머리를 찰랑대던 그 작달막한 아이. 동희는 우리 옆집에서 아빠 없이 엄마와 단둘이 살던 계집애였다. 동희네는 내가 갓난아이 때에 우리 마을로 이사 왔다는 말만 들은 적이 있었다. 동희 엄마는 가끔 우리 집에서 일을 거든 후 마당 평상에서 동희랑 저녁을 먹곤 했다. 우리 집과 동희네 작은 집 살피엔 탱자나무가 울타리 역할을 하고 있었다. 집 마당에서 보면 동희네 집 툇마루가 울타리 사이로 보이고 방문이 열려 있으면 안방까지 들여다보였다.

그날, 울타리에 탱자꽃이 하얗게 피었으니 5월 중순쯤이었으리라. 오후에 학교 가는 이부제 수업 날이라 오전은 무료하기 짝이 없었다. 그전 같으면 동희와 놀았으련만 그즈음 동희는 무슨 일인지 눈에 잘 띄질 않았다. 토방에 앉아 마당 가 감나무 밑에서 서성대는 고양이를 보고 있는데, 탱자나무 울타리께서 기척이 들려 눈길을 돌리니 어른거리는 그림자가 보였다. 울타리께로 다가가 보니 동희였다. 하얀 탱자꽃을 손끝으로 빙빙 돌리며 툇마루에 홀로 앉아 있었다. 반가움에 동희야! 하고 부르니 대답도 없이 맨발인 채 뒤란으로 가버렸다. 전에 없는 행동이었다. 문득 며칠 전 하학 때의 일이 머릿속을 스쳤다.

　학교가 파한 그날 오후, 6학년 동급생 세 명이 함께 집으로 오는 길이었다. 동희와 대추나무집 승혜, 그리고 나. 내 주머니 속에는 1환짜리 지폐가 한 장 있었다. 며칠 전 근동에 사는 고모님이 친정 나들잇길에 내 손에 쥐어 준 돈이었다. 그 돈으로 읍내에서 단팥이 든 붕어빵 두 마리를 샀다. 한 마리는 당연히 내 몫이었고 또 한 마리는 이등분하여 두 아이에게 나눠주었다. 머리 쪽은 승혜에게 꼬리 쪽은 동희에게 주었다. 가운데로 이등분해서 나눈다고 하더라도 머리 쪽이 훨씬 더 많은 분량이 된다. 동희는 붕어빵 반쪽을 손에 들고 갈쌍거리는 눈길로 나를 일순 흘겨보더니 고개를 처박고 말없이 앞서 걷기만 했다.

　그 다음 날부터 동희는 예전과는 다르게 나를 보면 말없이 코만 씩씩 부는 게 아닌가. 뿐인가, 며칠이 지나도 동희의 목소리는 들리지 않았다. 놀거나 학교 갈 적마다 탱자나무 울타리 사이로 늘 곰살궂게 부르던 동희였는데 말이다. 내 쪽에서 동희를 부르면 대답이 없거나, 벌써 학교에 갔다는 동희 엄마의 목소리만 탱자나무 위로 날아올 뿐이었다.

　한데 학교에 가보면 동희는 교실 옆 단풍나무 그늘 밑에서 혼자 벋놀고 있었다. 다가가서 말을 붙여도 본숭만숭하며 새무룩한 걸 보면 무언가 단단히 삐진 듯했다. 심지어 입을 삐쭉거리며 혼자 무어라 쫑알거리는데 알아들을 수가 없었다. 하학 길, 돌다리목에서 기다려도 샛길로 갔는지 동희는 나타나질 않았다. 매미 울음소리가 시들고 고추잠자리가 날 때까지 동희는 내내 새침하게 굴었다. 그 붕어빵 때문이라는 생각이 차츰 굳어졌다. 그러나 이미 어쩔 수 없는 노릇이었다. 그때 이등분하여 나눈 붕어빵 머리 쪽이 오른손에 들려 있었고, 사내마냥 습습한 승혜가 공교롭게 오른쪽에 있었을 뿐이었는데 말이다.

그러다가 무슨 영문인지 동희네가 대전 근교에 있는 이모네 마을로 이사를 간다는 말을 듣게 되었다. 동네 고샅에서나 학교에서 말을 붙이려고 다가가도 동희는 고개 숙이고 내 눈길을 피하곤 했다. 며칠이 더 지난 어느 토요일 오전, 아침부터 울타리 너머에서 발걸음소리가 잦았다. 대문 밖엘 나가보니 동희는 이삿짐을 실은 트럭 앞자리에 엄마랑 앉아 있었다. 차 시동이 걸리고 트럭이 동구 밖 미루나무 곁을 지나 언덕배기를 넘어가는 걸 본 후, 더는 동희를 볼 수 없게 되었다.

버스가 멈추었다 다시 출발한다. 차창밖엔 하얀 벚꽃만 봄바람에 분분히 흩날린다. 붕어빵 반쪽으로 토라져 버린, 목덜미가 희고 숫저운 동희. 사십여 년 세월 저편에서 하얀 탱자꽃과 함께 아스름할 뿐이다. 맞은편에 앉아 있던 단발머리 어린아이조차 어디서 내렸는지 가뭇없다.

길을 잃고

—길에 대한 생각 1

바람 부는 낯선 바닷가를 걷고 있었다. 어디서 날아들었는지 산새들이 간간 눈앞을 스쳐 지나가고, 저편 바다 위에는 크고 작은 배들이 떠 있을 뿐. 길을 잃은 채였다. 어디를 향해 가는지 얼마만큼 걸어야 하는지 통 알 수가 없었다. 그런데도 마냥 걷고 있었다. 사람들이 간혹 곁을 스쳐 지나갔지만 생판 모르는 사람뿐이었고, 아는 체하는 사람도 없었다. 해가 설핏하게 기운 하늘가엔 기러기 떼가 앞서거니 뒤서거니 날고 있었다. 저 새들은 제 갈 길을 알고 있는 것일까. 그런 생각을 하며 걷다가 움찔 정신이 들었다. 꿈이었다.

나 같은 길치가 또 있을까. 몇 번 가보았던 길조차 잃기 일쑤다. 꿈속에서조차 길을 잃고 헤맨 모양이다. 아니 벌건 대낮에도 길을 헤매다 사람들의 놀림감이 되곤 한다. 엊그제 갔던 길조차 헤매는데 하물며 멀고 먼 인생의 길을 어찌 걸어갈 것인가. 모두 잘도 길을 찾아가는데 나만 미로를 헤매는 것만 같다. 길눈이 밝은 사람들을 보면 그래서 부럽다. 무슨 길이든 잘 알 듯싶기 때문이다. 도대체 어떻게 해야 길을 잃지 않고 잘 찾아 갈 수 있을까.

걷고 있는 길조차 제대로 찾지를 못하는데 보이지 않는 앞길을 어찌 알 수가 있겠는가. 길은 가까운 곳에 있다고 했는데, 도무지 종잡을 수가 없다. 가까운 데에 눈길을 두고 기억하며 걷는 것이 먼 곳에 눈길을 두는 것보다 더 잘 기억할 수 있는 걸까. 어차피 미아처럼 혼자 헤매며 먼 길을 걸어가야 하는 게 인생길이 아니랴. 그리 걸어가야 할 길이라면 무겁게 끙끙대며 앞만 보고 걷기보다는 아예 느긋하게 먼 곳에 눈길을 두고 가리라. 길은 꼭 정해져 있는 것이 아닐 터, 차라리 먼 산 너머를 향하여 정정히 걸어갈 일이다.

길을 찾아서

—길에 대한 생각 2

　햇살 쨍쨍히 고인 골목길, 두 사람이 앞서 나란히 걷고 있다. 난 오른쪽에서 들어서는데 그들은 왼쪽에서 골목으로 먼저 들어선다. 주택가 골목 양편에는 연둣빛 새순이 한창인 은행나무가 줄지어 서 있다. 오십여 미터쯤 되는 밝고 정갈한 골목길이다.
　흰 지팡이를 두드리는 사내 왼팔에 주황 지팡이를 접어 손에 든 사내가 매달려가고 있다. 마땅히 흰색 지팡이일 텐데 매달려가는 사내의 지팡이가 주황색이라니 왠지 궁금하다. 뒷모습이라 잘은 모르겠지만 주황 지팡이는 흰 지팡이보다 나이가 더 많은 30대 후반쯤 돼 보인다. 흰 지팡이는 쥐색 바지에 보라색 점퍼를 입고 있고, 주황 지팡이는 감색 양복에 흰 운동화를 신고 있다. 그들의 발걸음은 각기 다르다. 흰 지팡이는 지팡이로 땅을 더듬으면서도 걸음걸이가 재바르고, 주황 지팡이는 흰 지팡이의 팔에 매달려 끌리듯 종종걸음이다. 무슨 일이라도 있는 걸까. 난 몇 발치 떨어져 발소리를 죽여 가며 두 사람 뒤를 따른다.
　"오늘은 잘해야 해. 저번 때처럼 꿔다 놓은 보릿자루처럼 입

꾹 다물고 있으면 안 된단 말이야."

흰 지팡이가 다그치자 주황 지팡이는 헛기침하며 고개를 두어 번 끄덕인다.

"목소릴 들으니까 얼굴이 참 곱다고 생각되던데 형이 말을 자꾸 더듬는 통에 산통이 다 깨졌지 뭐야. 우린 귀가 눈이란 말이야."

흰 지팡이는 앵하다는 듯 지난번 일을 되새긴다. 맞선이라도 본 걸까. 주황 지팡이가 말을 얼른 바꿔 꺼내 든다.

"오랜만에 입어본 양복이 영 어색하구만. 목이 이리 조여서야 말이라도 제대로 하겠어!"

"그런 말 하지 마라니까. 안 보인다고 저번 때처럼 대충 입고 가면 또 퇴짜야. 느낌으로 다 안다니까 그러네. 그리고 손은 무릎 위에 둬. 접때처럼 더듬거리다가 물잔 넘어뜨리지 말고."

흰 지팡이는 가끔 공중에 지팡이를 흔들며 슬거운 말투로 주황 지팡이를 나무란다.

"하긴 목청이 참 곱더라. 마음도 곱고 얼굴도 예뻤겠지!"

주황 지팡이의 말투엔 아쉬움이 묻어난다. 두 사람의 목소리는 공중으로 날아올라 은행나무 가지에 걸려 햇살과 뒤섞여 반짝인다. 두 사람의 등에도 햇살이 낭창하게 흐른다. 하지만 주황 지팡이의 등은 약간 굳어 보인다. 흰 지팡이의 잔소리가 없더라도 오늘은 실수하지 말아야겠다는 생각으로 긴장한 탓일까. 골목길을 벗어나 한길가로 접어든다. 갈림길에서 두 사람은 오른편 차도가 있는 쪽을 향해 방향을 튼다. 난 왼쪽으로 걷다가 뒤돌아 그들을 바라본다. 모든 일은 길 위에서 이루어진다는데, 길을 걷고 있는 저들에게 오늘 축복이 있으라.

길을 위하여
―길에 대한 생각 3

요화(妖花)*라고요? 천만에요, 모르시는 말씀 마세요. 소화* 말 좀 들어보세요. 애초 전 궁녀였답니다. 어느 날 상감마마의 눈에 띄어 깊은 처소에서 꿈결 같은 하룻밤을 맞았답니다. 하지만 그뿐, 마마는 제 처소를 찾지 않았습니다. 그래도 가슴 누르고 담장 너머로 목을 빼며 기다리고 또 기다렸지요. 다가오는 발소리라도 나지 않을까, 그림자라도 비치지 않을까, 담장 곁에서 서성거리는 수많은 세월이었지요. 그렇다고 밖으로 손 흔들어 붉은 가슴을 토해낼 수는 없었답니다. 그저 맷돌로 앙가슴 눌러둘 수밖에 없었지요. 갈수록 새카맣게 속이 탔습니다. 하나 기다리는 일을 포기할 수는 없었답니다.

　그래도 무작정 기다릴 수만은 없어 생각을 바꾸었습니다. 생각 끝에 명줄을 끊어 담장 가에라도 묻혀 꽃으로 다시 태어나고 싶었습니다. 그렇게라도 눈에 보이는 곳에서 임을 기다리고 싶었으니까요. 마침내 제 목숨을 스스로 거두었지요. 그리고 소망한 대로 꽃으로 다시 현현하게 되었습니다. 또 다른 기다림이 다시 시작되었습니다. 여름이 시작되고 나비들이 꽃을 찾아 모여들 때니 혹시나 임이 올지도 모르니까요. 조금이라도 더 멀리 밖을 보려고 담장을 기어올랐습니다. 임의 발소리를 들으려고 이렇게 귀를 넓게 벌리고 여윈 모습으로 담장에 매달렸습니다. 하여 제 목은 이처럼 가늘게 늘어지고 귀는 나발처럼 되었지요. 사랑받지 못하는 여인은 저처럼 여위어 간답니다. 게다가 얼마나 누르고 살았던지 붉지도 노랗지도 아니한 주황색이 되고 말았습니다. 한데도 소용없었습니다. 임의 그림자조차 볼 수가 없었습니다. 그러나 삭아서 추하게 떨어지고 싶진 않았답니다. 차라리 여름 그늘 울울할 때, 화관 통째로 떨어지고 싶었습니다. 만개할 때의 그 모습 그대로 땅 위에 뚝 떨어져 곱게 눕고 싶었습니다. 기품을 끝내 잃지 않은 채 끝까지 주황색 사연을 간직

직하고 싶었기 때문입니다.

근데 보세요, 저기 팔짱을 끼고 다정하게 걸어가는 저 연인들을요. 저 모습이 예전엔 얼마나 부러웠는지 아세요? 하지만 이젠 그렇지 않답니다. 물론 저 여인은 담장에서 목을 빼지 않아도 되고, 서성대지 않아도 될 테지요. 하지만 전 이제 안답니다. 세월의 풍화작용을요. 하여 차라리 대낮에도 등불 켜고 애오라지 기다리는 일이 오래도록 임을 사랑하는 일이라는 것을 깨닫게 되었지요. 늘 기다림의 연속이지만 그 속에 임이 들앉아 살고 있다는 것을요. 무모한 철없는 짓이라고요? 어쩌면 그럴지도 모르지요. 하나 전 이 길밖에 모르는데 어떡합니까.

*요화 : 능소화(凌霄花)
*소화 : 전설 속의 궁녀

내게 문학은 이제 '강 건너 등불'이 아니라 '손에 든 등불'이라 여긴다. 처음의 열망과 끝없는 갈증을 그 기름으로 부어 어떤 풍우에서도 꺼지지 않을 등불 하나 이룰 수 있다면, 그 등불이 누군가의 시린 가슴에 한 점 온기를 줄 수 있다면, 내 젊은 날의 고뇌와 부침은 꽃을 피울 것이라 여긴다. 나는 이제 그 '갈증의 세월'을 생의 기쁨으로 기꺼이 용납하리라.

6. 작가노트

갈증의 세월

통찰과 사유

속은 열하고 겉은 서늘하게

갈증의 세월

― 나의 문학적 자전

문학은 끝없는 목마름이었으며, 그 탯줄은 숙부였다.

씨앗

그 무렵, 난 도회에서 중학교에 다니고 있었다. 한 달 한두 번, 토요일을 맞아 고향집에 들어서면 숙부는 늘 허름한 옷차림에 핏기 없는 낯빛이었다. 대학에서 국문학을 하다가 누구하고도 상의 없이 학교를 '때려치우고' 독학을 한다며 골방에 들어앉은 숙부, 그런 숙부가 아버지께는 미움의 대상이었다. 아버지께서는 숙부가 하는 공부란 '쓸데없는 짓'으로 여겼기 때문이다.

평소 병약했던 숙부는 골방에 파묻혀 두문불출하며 읽고 쓰기에 전념을 하더니만 결국 폐를 어긋내고 말았다. 한데도 숙부가 계시는 골방엔 늘 담배 연기가 자욱했다. 그런 숙부를 나는 이해할 수가 없었다. 간혹 뒷산 너머 저수지가에 홀로 앉아 있는 모습을 보며 갈수록 의아심과 궁금증을 불러일으키기만 했을 뿐. 그러다가 난 고등학생이 되었는데 어느 날 숙부가 골방으로 나를 불렀다.

"대학 가면 무슨 공부하려느냐?"

여전히 병색 짙은 얼굴인 숙부의 뜬금없는 물음에 난 눈만 끔벅일 뿐 아무런 대답을 하지 못했다. 또 혼잣말처럼 뭐라 말을 했는데 난 알아들을 수가 없었다. 숙부는 그런 내게 세 권의 책을 내밀었다. 존 스타인백의 《분노의 포도》, 도스토예프스키의 《카라마조프가의 형제들》과 황순원의 《단편 소설집》이었다. 지금 생각해 보면 그날이 내 문학의 텃밭에 처음 씨앗이 드리운 날이 아닌가 싶다. 이해하기는 어려웠지만 달포에 걸려 그 책들을 읽었고, 그러면서 난 숙부에게 점점 끌리기 시작했다.

그해 겨울 방학, 우린 골방에서 동숙하며 긴 겨울을 났다. 그때서야 난 숙부가 소설을 쓰시는 분이라는 걸 구체적으로 알게 되었고, 왜 대학을 그만 두고 칩거하며 쓰기에만 몰두를 하였는지를 어렴풋이나마 짐작할 수가 있었다. 난 벽에 쌓인 책들을 닥치는 대로 읽고 또 읽었다. 방학이 끝나고 고 3이 되었지만 소설 읽기에 정신이 팔려 다른 공부는 소홀히 한 것은 말해 무엇 하랴. 당시, 숙부의 담배 연기와 각혈, 골방의 칩거와 뒷산을 헤매는 모습이 어쩌면 내게로 전이되어 무늬로 자리잡히지 않았나 여긴다.

후원

어머니는 내 문학의 후원자이셨다.

대학 입시 무렵, 난 국문학과에 가고 싶은 충동이 강하게 일었다. 문학을 공부할 수 있는 길이라 여겼기 때문이다. 하지만 아버지께 그런 심중을 내비칠 수가 없었다. 숙부의 '하는 짓'을 보고 대학에 가서 문학을 공부하는 일은 '사람 버리는 짓'이라 인식하고 계셨기에 입 밖에도 꺼낼 수가 없었다. 하지만 뒷일은 뒷일, 국문학과에 원서를 넣고 말았다. 시험을 치르고 합격통지서를 받아들었지만 아버지를 대면할 자신이 없었다. 그래도 어찌하랴, 실토하는 수밖에. 아버지의 불호령은 예상보다 훨씬 더 강했다. 등록금도 주지 않겠노라고 선언을 하는 데는 속수무책이었다. 등록 마감 날이 돼도 아버지는 꿈적도 하지 않으셨다. 결국 발을 동동 구르던 어머니가 어찌 변통을 하여 마련해 오신 돈으로 마감 직전에 등록을 할 수 있었다. 하지만 그 사실조차 난 아버지께 말씀드릴 수가 없었다.

아버지의 완고한 고집을 누그러뜨린 것은 며칠을 두고 계속된 어머니의 애걸복걸이었다. 어머니는 단지 자식이 원하는 바를 들어주고 싶었을 뿐이었으리라. 겨우 아버지와 얼굴을 마주하게 되자 내게 단단한 약조를 받으셨다. 무슨 일이 있어도 대학을 끝까지 마칠 것과, 숙부님처럼 '엉뚱한 짓'은 하지 않겠노라는.

갈증

그러나 문학은 늘 목마름이었다

내 원대로 입학을 하였건만 대학 생활이 문학에의 갈증을 씻어주진 못했다. 문학 공부는 혼자 하는 것이라는 걸 조금씩 인식하기 시작했다. 숙부님이 대학을 중도에 '때려치우고' 왜 골방에 칩거하며 독서와 쓰기에 몰두하였는가를 차차 이해할 수가 있었다. 하지만 아버지와의 약속을 파기할 만큼 문학을 향한 열정과 치열함이 있는 것은 아니었고 자신 또한 없었다. 그러나 늘 목은 탔다. 나름대로 독서와 습작을 하며 소설 공모에 기웃거리기도 했고 치기가 발동해 신춘문예의 문을 두드리기도 했다.

그 무렵, 신춘문예 계절이 오면 겨울은 내내 감정의 명암이 엇갈리는 혹독한 세월들이었다. 각 신문에 난 모집 공고를 보는 순간, 가슴은 두방망이질을 쳐댔다. 어렵게 단편 원고를 마련하여 보내고 나면 그때부터는 기다림으로 애가 탔다. 하지만 몇 번의 고배는 날 지치게 했다. 새해 아침, 신문에서 당선작들을 읽는 순간의 참담함이란 말해 무엇하랴. 절망의 수습으로 달포를 지내고 나면 갈증은 더욱 깊어졌지만 능력과 공부 부족으로 낙방한 걸 어찌하겠는가. 겨울의 들뜸과 새해의 좌절을 거듭하며 결국 문학은 내게 미늘이 되고야 말았다. 지쳐 발목을 빼려 하면 할수록 더 깊숙이 빠져들고 말 뿐이었다.

빗질

신앙은 내면의 담금질이었다.

대학을 졸업하였으니 숙부님 같은 '백수' 신세는 면하였고, 아버지와의 약속은 그런 대로 지킨 셈이었다. 군대를 마치고 곧바로 교편을 잡게 되었지만 신춘문예의 계절이 오면 그 열병이 도지는 건 여전했다. 하지만 더 이상 투고는 포기했다. 글쓰기가 겁이 나고 자신이 없어서였다. 한 발 물러서서 바라만 보며 지냈다. 그런 나를 추스르게 한 것은 신앙에의 몰두였다. 문학에서 신앙으로 눈길이 옮겨진 것이다. 신앙은 내게 평강과 또 다른 삶의 길을 제시해 주었다. 아픈 상처를 빗질해 주었고 좌절을 희망으로 바꾸어 주었다. 애초 꿈꾸었던 길은 뒷전으로 밀려나는 듯싶었다. 문학은 강 건너 등불이 되고 만 셈이었다. 그 후, 십여 년의 세월은 그 동안의 좌절과 절망의 쓴 고비들을 치유해 주었다. 신앙은 나를 곧추 세우는 데 큰 버팀목이었으니까.

한데도 어찌된 일인지 만년필을 꺼내 바라보는 횟수가 늘어났다. 문학에의 미련은 잠시 앙금으로 가라앉아 있었을 뿐, 지워져 버린 것이 아니었던 것이다. 대학 시절부터 난 늘 만년필을 소지하고 다녔다. 어쩌다 만년필을 잃어버린 날이면 안절부절못하였다. 어떻게 해서라도 당장 만년필을 구해 주머니 속에 넣고 다녀야 마음이 안정이 되었다. 만년필에 잉크를 가득 넣고 난 후의 배부름을 어떻게 표현해야 할까. 신앙의 빗질로 위로 받으며 잠잠하던 의식이 책을 읽는다거나 신춘문예의 계절이 오면 피가 다시 빠르게 도는 걸 느껴야 했다.

숙연

문학은 결국 내 운명의 끈이었다.

그날, 무심히 성당 한켠에 있는 책장을 넘겨보다가 수필 전문 잡지를 펼쳐보게 되었다. 몇 편을 보다가 몸을 훑고 지나가는 전류를 느꼈다. '그래, 이젠 살아가는 우리 이야기를 따뜻하고 진솔하게 쓰면 되겠구나!' 소설보다는 수필을 쓰리라. 다시 원고지를 사들였고 만년필에 잉크를 가득 채우기 시작했다. 몇몇 주변 문인들의 도움을 받기 시작했고, 수필 이론서를 십여 권 사들여 탐독했다. 하지만 이론서를 읽어갈수록 외려 수필 문학에 대해 기존의 고정관념을 갖게 할 뿐이었다. 문학의 궁극적 효용은 독자에게 감동을 주는 일이 아니던가. 감동은 무엇보다 그 내용의 진실에서 오는 것이지만 그 진실을 새로운 방법으로 형상화해 보고 싶었다. 수필의 문학성은 소재의 상상적 질서화와 의미화에 있는 것, '무엇'을 쓸 것인가도 중요하지만 '어떻게' 쓸 것인가에도 천착하고 싶었다. 그래야만 문학 장르로서 수필에 대한 왜곡된 편견을 불식시킬 수 있고 수필 장르의 격과 진정성을 드러낼 수 있을 것이라 여겼기 때문이다. 또한 안이한 글 쓰기가 수필을 주변 문학으로 전락하게 하지 않았나 생각하니, 한 편의 수필은 손끝으로 '쓰는' 것이 아니라 가슴앓이하며 '낳고' 빚어내야겠다는 생각을 갖게 되었다. 아마츄어리즘에서 벗어나 본격 수필을 위해서는 진지하게 자신을 성찰하고 늘 '수필적 마음가짐'을 지니고 살아야 하리라 여겼다. 일상의 삶 자체가 수필적이어야 글과 사람이 일치하기 때문이다. 이런 저런 생각 끝에 다른 장르보다 독자에게 훨씬 친숙하게 다가갈 수 있고, 문학적 매력을 줄 수 있는 장르가 수필이라는, 새로운 눈뜸이었다. 때문인지 '잘 쓴 수필'보다는 '좋은 수필'을 눈여겨보게 되었고 나도 그런 수필을 쓰고 싶었던 것이다.

결국 좋은 사람만이 좋은 수필을 쓸 수 있다는 믿음, 수필은 모든 장르를 아우를 수 있는 장르라는 매력은 내게 강한 흡인력이었다. 그런 생각으로 끙끙대며 쓴 첫 수필이 운 좋게 수필 전문지에 당선되었고, 거푸 한 달 간격으로 다른 두 곳에 추천과 당선이라는 행운이 날아왔다. 문득 숙부님이 생각났고 어머니의 얼굴이 어른거렸다. 등단 후 5년째, 이곳저곳에 발표한 글들을 불러모아 첫 수필집 《동행》을 상재하고 그만 난 눈시울이 뜨거워졌다. '나의 문학수업 시절'은 과거지사가 아니라 앞으로도 꾸준히 진행될 '업'이라 여겼기 때문이다. 아마도 나는 평생을 '문학수업 시절'로 보내야 될 것 같다.

내게 문학은 이제 '강 건너 등불'이 아니라 '손에 든 등불'이라 여긴다. 처음의 열망과 끝없는 갈증을 그 기름으로 부어 어떤 풍우에서도 꺼지지 않을 등불 하나 이룰 수 있다면, 그 등불이 누군가의 시린 가슴에 한 점 온기를 줄 수 있다면, 내 젊은 날의 고뇌와 부침은 꽃을 피울 것이라 여긴다. 나는 이제 그 '갈증의 세월'을 생의 기쁨으로 기꺼이 용납하리라.

통찰과 사유

―나의 직업과 나의 문학

우리말을 가르치면서 글을 쓰니 얼마나 유용하느냐는 말을 종종 들을 때가 있다. 기실 겉으로나마 문학을 공부했고 국어를 가르치며 글 쓰는 시늉을 하고 있으니 그런 말을 들을 만도 하다. 하나 난 그런 물음의 의도에 전적으로 동의하지는 않는다. 국어를 가르치기 때문에 글을 쉽게 잘 쓰겠지 하는 생각은 묻는 사람의 선입견과 기대에 불과할 뿐, 사실과 맞지 않기 때문이다.

두 번째 수필집을 내면서 책표지에 약력을 어떻게 적을까 고심한 적이 있다. 문단 약력만 쓸 것인가 아니면 간단히 사회 이력을 덧붙일 것인가를. 생각 끝에 대학에서 문학을 공부하고 수필을 쓰며 학생들을 가르치고 있다고 적었다. 첫 수필집에선 넣지 않았던, 전공과 직업을 끼워 넣었던 것이다. 그리고 몇 년이 흐른 지금, 그때 왜 그랬을까 생각해 보았다. 아마 정체를 조금은 밝혀야 된다고 여겼든지 아니면 독자의 이해를 돕기 위한 배려였든지 둘 중의 하나였으리라. 한데 앞으로 또 수필집을 낸다면 약력에 사회 이력 부분은 뺄 생각이다. 문학을 공부하고 학생들을 가르치는 학력이나 직업이 좋은 글을 쓰는 것하고는 경험상 큰 상관관계가 있다고 보기 어렵기 때문이다.

물론 문학을 공부하고 가르치며 글을 쓰다 보면 그렇지 않은 사람보다는 더 나은 점이야 없지는 않을 것이다. 어떤 면에선 그 방면에 조금이라도 더 익혔을는지도 모르니까. 즉 많은 글을 대하면서 글을 쓰는 방법을 기웃거리고 보편성과 문학성을 위해서 어떤 내용을 어떻게 써야 할지 생각할 기회가 더 많았으리라 여겨지기 때문이다. 하지만 이도 생각할 기회와 실제 글을 쓰는 일과는 별개다. 글이란 알고 생각하며 느낀다고 해서 쓸 수 있는 게 아니다. 운동 감독이 이론엔 밝다 해서 실전에 강한 것은 아니지 않던가. 게다가 교과서에 실린 좋은 글들을 대하다 보면 글을 쓴다는 게 주눅이 들 때가 있다. 또 공들여 써 봐도 스스로 성에 차지 않으며 독자들의 판단과 나무람이 들려올 것 같은 강박관념이 들기도 한다.

이처럼 늘 작품을 대하고 가르치건만 정작 직접 쓰려고 하면 마음먹은 대로 되질 않는 게 글인 모양이다. 그래서 청탁원고 약력엔 여태껏 문학 전공과 교사라는 직업을 한 번도 밝힌 적이 없다. 졸작일지라도 은근히 넘겨보자는 얄팍한 속내가 작용했기 때문일 게다. 그래서인지 가르치고 배우는 학교 현장의 이야기는 웬만해서는 글의 소재로 잡질 않는다. 그런 소재는 내용이 추상으로 흐르기 쉬울 뿐만 아니라 교훈적인 어조가 묻어날 수 있기에 그렇다. 결국 학교 밖의 삶의 현장에서 소재를 끌어오는 경우가 대부분이다.

언젠가 다른 장르 쪽으로부터 재 등단을 권유받은 적이 있었으나 선뜻 당기지 않았다. 교과서의 시 소설을 능가할 수 없는, 어설픈 시나 소설을 쓰기보다는 좋은 수필을 쓰고 싶어서였다. 장르가 중요한 게 아니라 시나 소설보다 수필의 본질적 특성이 마음이 들었다고나 할까. 무엇보다 수필은 삶의 진솔한 기록이고 품격이 있는 장르라는 점이 마음을 끌었다. 그래선지 좋은 수필은 좋은 시나 소설만큼 충분한 값어치가 있다고 여긴다. 또한 수필은 다른 문학 장르의 특질을 선별적으로 수용하여 문학성을 드러낼 수 있는 특성을 지녔으며 독자가 읽기에 적합한 길이의 호흡을 지니고 있다. 이처럼 형식적 측면에서 수필은 여러 장르의 특성을 수용하여 적극적으로 활용할 수 있는 장르라는 점이 표현상 매력이기도 하다. 또한 다양한 삶의 편린을 자유롭게 담을 수도 있다. 그렇다고 다른 장르의 글을 도외시하지 않는다. 오히려 시 소설 동화 같은 글들을 수필보다 더 많이 읽는 편이다. 다른 장르에서 문학수필의 좋은 자양분을 빌리기 위해서다.

엉뚱한 생각일는지 모르겠지만, 때론 가르치는 직종이 아니었다면 더 풍요로운 수필을 쓸 수 있지 않을까 여길 때도 있다. 사실 난 다양한 직업인들이 쓴 수필에 더 흥미를 느낀다. 수필가들의 사회 이력을 보면 약사 의사 법조인 요리사 경찰관 군인 상인 화가 경찰 식물학자 농사꾼 뱃사람이라고 밝힌 수필가들의 글을 가끔 볼 수가 있다. 그런 수필가들의 글을 대하면 호기심이 발동한다. 직업이 학자. 교수나 교사보다 다양한 직종에 종사하며 수필을 쓰는 사람들에 더 흥미를 느끼곤 한다. 이는 그들의 삶의 세계와 사고방식, 그리고 그들만의 사물을 바라보는 눈길이 부러울 때가 있기 때문이다.

법창(法窓)에 비친 인간의 욕망, 화가의 눈으로 바라본 세상 풍경, 음식을 통한 인간의 내면 심리, 병고를 치르는 사람들의 고통과 극복 의지, 바다에서 외롭게 삶을 일구는 사람들, 나무를 통해 인간을 유추하는 사고 과정 등이 퍽 흥미 있고 이채롭다. 그들 삶의 이야기를 읽다 보면 삶의 추상성이 벗겨져 진솔함과 질박함이 묻어나곤 한다. 이는 직업이 그렇다 보니 단지 내 취향일 뿐이며, 소재의 경직성과 사변적 성격에서 벗어나고 싶기 때문이기도 하다. 같은 조건이라면 형식보다 내용을 더 중요시해야 할 장르가 수필이라 여긴다. 즉 수필은 학문적인 머리로 풀어내는 작업이 아니라 가슴으로 느끼고 깨달은 바를 형상화하는 통찰과 사유의 작업이다. 그런 점에서 수필은 삶에 대한 깊은 천착과 사유에서 길어 올린 맑은 청량수와 같다.

 그렇다고 스스로 직업에 불만족이 있는 것은 결코 아니다. 단지 가르치는 현장에서 일어난 소재를 글로 쓰는 일은 될 수 있으면 피하고 싶다는 말이다. 또한 지극히 개인적이고 주관적인 감정을 드러내는 글도 피하고 싶다. 자칫하면 개인적인 푸념이나 넋두리에 빠질 수 있기 때문이다. 타인의 사사로운 넋두리에 그 누가 관심을 기울이겠는가. 가치 있는 정서의 교류에서 오는 보편성과 공명이 없다면 어찌 문학 작품이라 할 수 있으랴. 이를 바탕으로 사상(事象)에 대한 통찰과 사유를 쉽게 풀어내고 싶다. 격조 있는 좋은 수필을 쓴다는 것은 만만치 않은 일이다. 이는 한 편의 수필을 공들여 빚어 본 사람이라면 경험하는 일이다. 하여 늘 눈길은 어떻게 벼리고, 가슴은 무엇으로 맑히며, 손끝은 어찌 무두질해야 할지를 고민한다.

속은 열하고 겉은 서늘하게

―나의 작가노트

문학은 언어를 사용하여 인생을 예술적으로 표현하는 양식이다. 수필 역시 문학의 한 장르로서 예술적 스타일을 두루 갖추어야 한다. 소재가 미적 경로를 거쳐야 문학적으로 형상화될 수 있기 때문이다. 진술한 내용만으로 독자들의 공감과 공명을 받을 수도 있지만, 문학수필로서 품격을 갖추기 위해서는 적절한 미적 경로와 삶에 대한 깊은 통찰이 필요하다. 하기에 '하루 저녁에 수필 네댓 편 정도는 너끈히 쓸 수 있다.'는 어느 소설가나, '수필은 시를 쓴 후 여기로 쓴다.'는 어느 시인의 말에 대해선 신뢰하거나 동의하지 않는다.

미적 과정

소재를 붙잡기 위해서는 늘 '수필적 마음가짐(Essay type of mind)'을 견지하며 일상의 사상(事象)을 새로운 눈으로 바라보려고 한다. 충동적 소재를 만나면 메모 후 착상과 구상, 의미와 표현, 감동과 정감, 해석 등을 추적해 나가며 미적 경로를 생각한다. 그런 후 소재의 특성을 분석하고 주제를 탐색하며, 자료를 모으고 얼개를 짠다. 밑그림이 그려지면 고요한 밤을 잡아 생각을 가다듬고 초고를 단숨에 쓴다. 중간에 놓았다가 쓰려면 사유의 흐름과 밑그림의 상이 흐려지거나 끊기기 때문이다. 초고 후 접어 밀쳐 둔다. 숙성 기간을 두고 생각이 무르익으면 다시 펼쳐서 퇴고를 거듭한다. 이때 소재에 대한 해석이 일반화되고 보편적인가, 사상성과 쾌락성은 용해 처리되었는가를 생각해 본다. 내용의 긴축성과 정서적 긴장감을 염두에 두며 말하기(telling)보다는 보여주기(showing) 수법을 더 고려한다. 신선한 사고와 창의적인 표현을 위해 고심하며, 어법에 어긋나지 않고 비문이 되지 않도록 세세하게 살펴본다. 최종적으로 낭독해 보아 거치적거리는 부분이 있으면 마지막 손질을 한다. 비로소 어렵게 한 편의 수필이 빚어진다.

체험적 수필 쓰기

주제

　글 속에는 글쓴이가 독자에게 전달하려는 '무엇인가의 의미'가 있게 마련이다. 그 의미는 근원적이고 본질적인 면에서 찾고자 한다. 무거운 주제만을 선호하지 않으며 작고 적은 인생의 풍경도 천착하여 깊숙이 내려가 본다. 주제는 명료하되 암시적으로 여운 처리하며 글 속에 용해시키고자 한다. 주제가 흐리거나 거칠게 드러나지 않았는지 살피며, 철학적 사고가 베이도록 한다. 투명하고 명료한 글이 되기 위해서는 소재 해석을 분명히 하고자 한다. 또한 보편적인 주제를 찾아 지성과 감성을 적절히 버무리고자 한다. 지극히 주관적인 신변 담론은 독자의 흥미를 끌지 못한다. 삶에 대한 관조와 격조 높은 사색의 기록이 되기 위해서는 대상에 대해 깊은 통찰과 따뜻한 시선을 갖고자 한다. 계절을 다루되 생활을 넣고, 자연을 다루되 인간을 그리고자 한다. 주제가 지나치게 일상적이거나 상식적이어서는 문학성이 약하며 무리하게 의미화하면 작위적이어서 매끄럽지 못하다. 삶의 성찰과 생활이 없는 공허한 내용, 지지부진한 감상적 이야기는 글맛이 없다. 하여 인간 삶에 대한 깊은 통찰과 소재에 대해 가급적 긍정적 시각을 가지려고 한다.

소재

　수필의 소재는 곳곳에 널려 있지만, 필자의 주된 관심은 자연과 인간이다. 자연은 인간 삶의 배경이며, 인간은 자연의 한 요소이기 때문이다. 그중 인간 쪽에 더 무게를 두고 있다. 인간을 소재로 선택했을 때 함정이 없는 것은 아니다. 자연을 소재로 했을 때보다 문학적 감동이 떨어지는 반면 교훈적 기능이 부각되는 경우가 많다. 또한 자칫하면 교시적 기능이 강조돼 설익은 글이 되기도 하고, 건조한 설교가 되기도 하며, 여운 없는 글이 되기도 한다. 하지만 인간 삶을 보다 구체적으로 형상화하고 진실에 바탕을 둔다면 그만큼 감동의 폭도 커질 것이다. 물론 자연 속의 인간의 모습은 가장 좋은 소재가 된다. 구체성을 위해서 소재는 잘 아는 것을 택하려고 하며 지나치게 확대하여 해석하는 것은 경계한다. 이를 위해 체험적 소재를 선택하고 객관적인 관찰과 대상에 대한 심안을 발동시켜 대상의 내면을 세밀히 관찰하려 한다. 그러나 체험으로만 수필의 그릇에 담지는 않는다. '관조'라는 사색적 통로를 거치기 위해 숙성시킨다. 평범한 체험이지만 진귀한 내용을 담고자 한다. 무겁고 큰 소재는 다시

작은 소재로 앵글을 맞춘다. 특이한 소재에만 집착하면 소재주의에 빠질 수가 있음을 경계한다. 정서적 환기력이 있는 소재라면 더욱 좋다. 무엇보다 독특한 의미와 개성적인 목소리를 담기 위해 소재를 바라보는 나만의 렌즈를 지니고자 한다.

구성

  수필은 글쓴이의 창작 의도를 담을 수 있는 그 나름의 독특한 그릇과 조직이 필요하다. 문학적 형상화를 위해 화소를 재구성해야 하기 때문이다. 구성의 묘미가 없으면 밋밋한 글이 된다. 수필의 실감을 위해 구성은 필요하며 구체성을 위해 논리적 전개가 필요하다. 겉으로 드러나지 않으면서도 안으로 유기적인 짜임을 염두에 둔다. 내용도 내용이지만 구성은 완성된 수필을 만드는데 필요하다. 구성 속엔 관조와 사유, 문학적 상상, 화소의 유기적 배열을 중요하게 여긴다. 깊은 사유와 사물에 대한 관조, 그리고 창조적 상상력이 유기적 배열로 물 흐르듯이 자연스럽게 흘러가야 한다고 여기기 때문이다. 쉬운 일이 아니지만 소재의 성격에 따라 때로는 시처럼 응축하고 소설처럼 흥미를 부여하며 희곡처럼 극화시키고자 한다. 서정수필에는 사이사이에 극적 요소를, 서사수필의 경우엔 사색을 끼워 넣는다. 그래도 이야기보다 사색을 중시한다. 이야기는 사색과 인식을 드러내기 위해 차용한 장치일 뿐이기 때문이다. 한 편의 수필 구성에 악센트를 넣고자 한다. 악센트는 글의 정점이자 격을 높이기 위한 구성적 포인트다. 이를 위해 가능한 한 평면적 구성보다는 입체적 구성을 선호하며 길이가 너무 길다 보면 감동이 약화되기에 긴축구성과 함축에 더 비중을 두며 길게 쓴 다음 짧게 줄이는 편을 택한다.

표현

마무리는 문장에 둔다. 그 문장의 핵은 진실성과 투명성에 있다 여긴다. 의도적 작위와 관념적 표현보다는 진솔함과 소박함이 진실한 문장이 된다. 뜻이 깊을수록 쉽게, 뜻이 길수록 짧게 표현하고자 노력한다. 덧칠과 미문을 경계한다. 또한 문장의 장단에 의해 리듬감을 잃지 않으려 한다. 지루한 서술과 지나친 묘사는 함축의 맛을 잃게 만들며 설명은 될 수 있는 한 배제한다. 간결하고 투명하게 표현하고자 하며, 추상적 진술보다는 구체적 진술을 찾는다. 유머와 위트에 집착하지 않고, 교훈을 직설적으로 말하지 않으며, 만연체나 한자어의 사용은 가급적 피한다. 그러나 고유어는 가급적 되살려 쓰려고 한다. 예스러운 어휘를 되살리고 글맛을 높이기 위해서다. 아울러 어휘와 어법에 주의하여 주제를 향한 문장에 빈틈이 없도록 살핀다. 시제에 신경을 쓰며 적절한 곳에서 대화체 사용을 효과적으로 사용하고자 한다. 문맥은 한 단락 안에서도, 단락과 단락 간에도 긴밀하게 살핀다. 수필은 자아의 발현이지만 감정 표현은 가능한 한 절제하고자 한다. '속으로 열하고 겉으로 서늘하라.'는 시인 정지용의 말과 '섬세하되 살찌지 않아야 하고, 간결하되 뼈가 드러나지 않아야 한다.'는 실학 문장가 이덕무의 말을 금과옥조로 삼고 있다.

  쉽게 쓰여 지는 글도 있고 붓방아만 찧다가 파지가 되는 경우도 있다. 쉽게 술술 풀리는 글이 의외로 마음에 드는 글이 되는 수도 있지만, 매달려 탁마해야 좋은 글이 되는 경우가 대부분이다. 수필은 소재를 익혀 다루고 의미 있게 해석해서 정제된 문장의 옷을 입혀야 좋은 글이 된다는 것을 늘 깨닫는다. 누구나 작법이 있겠지만 필자의 경우엔 소재의 성격이나 주제에 따라 그때마다 작법이 다르고 입는 문장의 옷도 다르다. 오직 그 소재나 주제를 형상화시키기 위해 그때마다 거기에 알맞은 틀을 구상하고 어휘를 동원하여 사유의 결과를 문장으로 용해시키는 노력을 할 뿐이다. 좋은 수필은 가치 있는 체험과 사상(事象)에 대한 통찰, 의미를 담는 적절한 구조와 정제된 문장이 필요하다. 수필 한 편을 빚어낸다는 게 어찌 쉬운 일이랴.

노력을 할 뿐이다. 좋은 수필은 가치 있는 체험과 사상(事象)에 대한 통찰, 의미를 담는 적절한 구조와 정제된 문장이 필요하다. 수필 한 편을 빚어낸다는 게 어찌 쉬운 일이랴.

정태헌 수필집
경계에 서서

2013년 3월 25일 초판 인쇄
2013년 3월 30일 초판 발행

지은이 정태헌 | 펴낸이 김은영 | 펴낸곳 북 나비
출판신고 2007년 11월 19일 제380-2007-00056호
주소 462-836 경기도 성남시 중원구 광명로 269-7, 201(중앙동)
전화·팩스 (02)903-7404, 070-7677-2986
booknavi@hanmail.net
www.booknavi.co.kr
출력 모노 | 인쇄 동광프린팅 | 남영제책

ⓒ 정태헌 2013
ISBN 978-89-993682-45-8 03810
값 13,000원

※ 잘못된 책은 바꿔 드립니다.